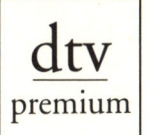

dtv
premium

Jörg Aufenanger

Heinrich Heine in Paris

Mit s/w-Abbildungen

Deutscher Taschenbuch Verlag

Von Jörg Aufenanger ist im Deutschen Taschenbuch Verlag
erschienen:

Schiller und die zwei Schwestern (24446)

Originalausgabe
November 2005
© 2005 Deutscher Taschenbuch Verlag GmbH & Co. KG,
München
www.dtv.de
Umschlagkonzept: Balk & Brumshagen
Umschlagbilder: ›Heinrich Heine‹ (1831) von Moritz Daniel Oppenheim
(© bpk/Hamburger Kunsthalle/Elke Walford), ›Der Boulevard des Italiens
in Paris‹. Kolorierte Lithographie von Philippe Benoist nach
Adolphe Jean-Baptist Bayot.
Satz und Repro: Fotosatz Reinhard Amann, Aichstetten
Gesetzt aus der Poppl Pontifex (9,2/12˙)
Druck und Bindung: Kösel, Krugzell
Gedruckt auf säurefreiem, chlorfrei gebleichtem Papier
Printed in Germany · ISBN 3-423-24518-2

Inhalt

Wie Heine in Paris

An einem Frühlingstag im Mai 1831 fuhr Heinrich Heine vom Norden her durch die Porte St. Denis in Paris ein. Die Kutsche überquerte die Seine, und der Dichter sah den Glanz der Stadt. Am Rand des Quartier Latin fand er Unterkunft in einem Gasthof gegenüber dem Jardin du Luxembourg. Heinrich Heine war schon 33 Jahre alt. Endlich war er angekommen, endlich sah er mit eigenen Augen die Stadt seiner Sehnsucht, die seit langem seine Tag- und Nachtträume besetzte. »Träume jede Nacht, ich packe meine Koffer und reise nach Paris, um frische Luft zu schöpfen«, hatte er an Karl August Varnhagen von Ense geschrieben. Nun waren die Träume Wirklichkeit geworden und Heine durchstreifte die Gassen, flanierte über die Boulevards, atmete tief die Luft von Paris ein. Er fühle sich »wie Heine in Paris«, teilte er einige Monate nach seiner Ankunft einem Freund in Deutschland mit. Aus Heinrich Heine wurde Henri Heine, der in der Stadt an der Seine den Rest seines Lebens verbringen würde.

Die französische Hauptstadt war seit der Julirevolution von 1830 magnetischer Anziehungspunkt für Europäer aus allen Ländern geworden, atmete man doch hier in der Tat freier, tauchte ein in das unvergleichliche »Pariser Leben«. Die Stadt schickte sich in den folgenden Jahrzehnten an, Europas Hauptstadt zu werden. Der wirtschaftliche und finanzielle Aufschwung wurde begleitet von einer außergewöhnlichen Blüte der Künste. Theater, Musik, Malerei und Literatur waren nicht nur Dekoration eines Wirtschaftswunders, sondern wurden Lebenselixier und zugleich Spiegel und kritischer Begleiter der Zeitläufte.

Geschichte wurde gemacht in dieser Stadt seit der Revolution von 1789. Der Julirevolution von 1830 folgte die Februarrevolution von 1848. Drei Jahre später trat Napoleon III. die Macht an. Wenn in Paris geniest wird, erkältet sich ganz Europa, soll Metternich gesagt haben, und man nieste mit permanenter Leidenschaft in Paris und steckte so den Kontinent immer wieder mit dem Revolutionsfieber an. »Wenn der liebe Gott im Himmel sich langweilt, dann öffnet er das Fenster und betrachtet die Boulevards von Paris«, stellte Heinrich Heine einem Sprichwort folgend fest. Der deutsche Dichter war mittendrin in diesem Pariser Trubel. Er erlebte und kommentierte die Geschichte, den Aufstieg und die Blüte der Stadt und war zugleich ein Teil von ihr, spielte er doch zeitweise eine bedeutende Rolle in ihrem kulturellen Leben, war bekannt, befreundet oder verfeindet mit den geistigen und politischen Größen Frankreichs. Paris wurde für Heine ein Provisorium, das andauerte, eine freiwillige Fremde, ein gesuchtes Exil auf Zeit, das kein Ende nahm. Deutschland war ein Wintermärchen, Paris ein Frühlingstraum, ein Fest des Lebens, des Liebens und der Dichtung.

Dieses zweite Leben Heines, das mit der Ankunft in der Seinestadt so euphorisch und euphorisierend begonnen hatte, sollte siebzehn Jahre später einen jähen tragischen Einbruch finden, das Fest von Paris vorzeitig ein Ende nehmen. Schon seit längerem krank und leidend, war Heine ausgerechnet im Jahr der Revolution von 1848 plötzlich gelähmt. Der Flaneur konnte nicht mehr über die Boulevards und durch die Passagen streifen, der Theaterenthusiast konnte nicht mehr seine Loge aufsuchen und die Schauspielerinnen bewundern, der Lebenssüchtige musste auf die Restaurants, Cafés und Lesesäle der Stadt verzichten, musste sich gezwungenermaßen den Salons der Frauen fernhalten, wo er Jahre lang mit seinen Bonmots niemanden geschont hatte. Inmitten von Paris lebte er, aber er sah die Stadt und ihr pulsierendes Leben nur noch aus dem Fenster, eine Tantalusqual, konnte er doch keinen Fuß mehr auf die Straßen seiner Wahlheimat setzen. »Ich lebe in einer schauerlichen Einsamkeit, obgleich mitten in Paris, dem Tummelplatz aller Leidenschaften«, vertraute Heinrich Heine seinem Bruder Maximilian an. Dem Publizisten Edouard de Lagrange gestand er: »Ich bin jetzt ein Krüppel.«

Paris war für ihn in mehrfacher Hinsicht eine Befreiung gewesen, eine zum Leben, eine zur Liebe. Nun war er gefangen. »Der Totgeweihte«, wie sich der Dichter selbst nannte, verbringt noch acht lange Jahre in seiner »Matratzengruft«. Aber er dichtete, wenn auch mit Mühe, weiter, lebte mit Mathilde, der ehemaligen Schuhverkäuferin, die Liebe seines Lebens und fand gar für die letzten Monate vor seinem Tod mit einer jungen Frau, die er »Mouche« nannte, ein spätes Liebesglück.

Als Heinrich Heine im Februar 1856 starb und auf dem Friedhof von Montmartre beigesetzt wurde, begleiteten nicht viele Menschen seinen Sarg, doch er war berühmt, in Frankreich und in Deutschland. In den fünfundzwanzig Pariser Jahren hatte er seinem Werk unzählige Schriften zu Politik, Geschichte, Philosophie, Religion, Literatur und Musik hinzugefügt und Gedichte verfasst, die sowohl in Französisch als auch in Deutsch erschienen waren. Dazu gehört auch eines seiner bekanntesten, ›Deutschland – ein Wintermärchen‹, das wie viele andere Verse von seinem Zwiespalt erzählt, dem eines deutschen Dichters, der sein Geburtsland sehnsüchtig liebte und haßte, und im freiwilligen Exil von Paris sein Glück – selbst im Unglück noch – fand.

Nach Paris

Heinrich Heine saß einsam auf der Insel Helgoland, als er im Sommer 1830 den Ruf der Revolution von Paris vernahm. Er hatte sich von der Welt zurückgezogen, ja, war ihr fast abhanden gekommen. »Wir sitzen des abends beisammen und halten geheime Zwiesprache«, schrieb er und meinte mit »wir« sich und das Meer, befragte seine geliebte Nordsee immer wieder nach dem Sinn des Lebens. Schon einige Jahre zuvor hatte er angesichts des »lieben, rettenden Meers« gedichtet und die Wellen gefragt:

> *O löst mir das Rätsel des Lebens,*
> *Das qualvoll uralte Rätsel,*
> *Worüber schon manche Häupter gegrübelt,*
> *Häupter in Hieroglyphenmützen,*
> *Häupter in Turban und schwarzem Barett,*
> *Perückenhäupter und tausend andre*
> *Arme, schwitzende Menschenhäupter –*
> *Sagt mir, was bedeutet der Mensch?*
> *Woher ist er kommen? Wo geht er hin?*

Heinrich Heine war in einer Lebenskrise. In den vorangegangenen Jahren hatte er einen Platz in der Welt gesucht, versuchte sich nach dem Studium der Rechte eine bürgerliche Existenz zu schaffen als Professor in Berlin oder München, als Anwalt in Hamburg, als Zeitungsredakteur in München. Doch nichts gelang. Sein Vertrauter, der um zwölf Jahre ältere Karl August Varnhagen von Ense, versuchte, ihm das Scheitern zu erklären: »Glauben Sie, man wird ein Geschäftsmann, ein Bürger in Amt und Zutrauen, gleich mit einem Sprung, wie man etwa ein Dichter wird? Überhaupt haben Sie durch Ihr ganzes bisheriges Leben und Dichten es wohl am wenigsten darauf angelegt, im Staatsdienst Ihre Bahn zu finden.« Was tun? Heines Jugend neigte sich dem Ende zu.

Schau ich jetzt von meinem Berge
In das deutsche Land hinab:
Seh ich nur ein Völklein Zwerge
Kriechend auf der Riesen Grab.

Such ich jetzt den goldnen Frieden,
Den das deutsche Blut ersiegt,
Seh ich nur die Kette schmieden,
Die den deutschen Nacken biegt.

In dem Land, das er so in dem Gedicht ›Deutschland – ein Traum‹ geschildert hatte, wollte er dem Staate dienen? Und man sollte ihn dienen lassen? Ein Widerspruch, der das ganze Leben Heines durchziehen sollte, der seine Heimat kritisieren und ihr zugleich dienen wollte. Da er nun nicht weiter wusste und nicht wohin, reiste er durch England und Italien, veröffentlichte seine ›Reisebilder‹. Doch auch die Fremde hatte ihm keinen Weg auf Dauer gewiesen. »Es treibt dich fort von Ort zu Ort/ Du weißt nicht mal warum«, konstatierte Heine im Gedicht ›In der Fremde‹.

Wer aber war Heine nun zum Ende der 1820er Jahre? Ein Dichter, der sich mit einigen Werken, mit der ›Loreley‹, mit der ›Harzreise‹ und den Nordseeversen, die versammelt 1827 im ›Buch der Lieder‹ im Verlag des Julius Campe in Hamburg erschienen waren, einen gewissen Namen geschaffen hatte. Und sonst? »Meine ersten Flegeljahrgedichte, das Intermezzo, die Heimkehr und zwei Abteilungen von Seegedichten werden einen hübschen Band ausmachen«, schrieb er an Varnhagen, »der Anfang und Ende meines lyrischen Jugendlebens enthält.«

Doch auch in ihnen dominiert die Frage nach dem Sinn des Lebens und der Liebe, nach dem Seinsgrund der eigenen Existenz. Selbst in seinem berühmtesten Gedicht, der ›Loreley‹, fragt er: »Ich weiß nicht, was soll es bedeuten/ Daß ich so traurig bin«, und verrät damit sein tief melancholisches Lebensgefühl. Sogar sein Verleger Julius Campe warf ihm vor, er behandle in seinen Gedichten immer wieder nur die »Liebe und sich selbst, und wieder sich selbst.« Das sähen die Leser aber als »stinkigen Egoismus« an und in der Tat verkaufte sich die Gedichtsammlung schlecht. Heine fühlte sich nicht verstanden und seine Dichtung verachtet. Er versagte es sich erst einmal, Verse zu schreiben und wandte sich der feuilletonistischen Reiseerzählung zu, den ›Reisebildern‹. Er befragte nicht nur auf Helgoland das Meer, was das Leben bedeute, sondern auch die Schriften der Vergangenheit, er las Homer, er las die Bibel, aber auch darin fand er keine Antwort auf die Fragen nach dem Sinn seines Lebens, nach der gesellschaftlichen Ordnung und seinen Platz in ihr, nach dem Sinn der Geschichte. Also gab sich Heine unter den Wolken, vor dem Meer, das ihm mit Ebbe und Flut wie ein Sinnbild des Lebens erschien, dem Augenblick hin und ließ sich treiben, seine Augen schweifen zu den schönen Frauen, den Schauspielerinnen, Tänzerinnen und Sängerinnen, die auf der Insel ihre Sommerferien verbrachten, umgarnte sie.

> *Wenn du mir vorüberwandelst,*
> *Und dein Kleid berührt mich nur,*
> *Jubelt dir mein Herz, und stürmisch,*
> *Folgt es deiner schönen Spur.*
>
> *Dann drehst du dich um, und schaust mich*
> *Mit den großen Augen an,*
> *Und mein Herz ist so erschrocken,*
> *Daß es kaum dir folgen kann.*

Gab vielleicht nur die Liebe, und sei sie noch so flüchtig, dem Leben Sinn? Herrschte aber vor allem die Angst vor der Liebe, Angst vor der Liebesenttäuschung, vor dem Liebesverrat? Und die Lust gerade daran, um das melancholische Lebensgefühl zu alimentieren?

> *In den Küssen welche Lüge*
> *Welche Wonne in dem Schein?*
> *Ach wie süß ist das Betrügen,*
> *Süßer das Betrogensein.*

»Ich weiß jetzt wieder, was ich will, was ich soll, was ich muß«, schrieb er kurze Zeit später in den Briefen aus Helgoland. »Sonnenstrahlen, eingewickelt in Druckpapier« waren auf dem Inselidyll angekommen. »Sie entflammten meine Seele bis zum wildesten Brand.« Die Nachricht von den revolutionären Julitagen 1830 in Paris hatte ihn auf der weltabgeschiedenen Insel erst erreicht, nachdem diese schon lange vorüber waren. In Frankreich war eine neue Ordnung entstanden. Später sollte er dieses Ereignis und seine Erregung so schildern: »Ich lief wie wahnsinnig im Hause herum und küsste zuerst die dicke Wirtin und dann ihren freundlichen Seewolf, auch umarmte ich den preußischen Justizkommisarius, um dessen Lippen freilich das frostige Lächeln des Unglaubens nicht ganz verschwand.«

Doch Heine glaubte an die Revolution, er glaubte, ihre Funken würden ganz Europa erfassen und auch in Deutschland die alten Verhältnisse zum Tanzen bringen. Er feierte das »brillante Beispiel« von Paris. »Wahrlich, ihr verdient es frei zu sein, ihr Franzosen, denn ihr habt die Freiheit im Herzen«, und wusste, die Deutschen trugen sie nicht im Herzen, nur als Idee im Kopf. Er fragte sich, ob diese je Wirklichkeit würde? »Es ist mir noch alles wie ein Traum«, konstatierte er und wollte diesen Traum auf die Wirklichkeit hin überprüfen: »Ich will selbst nach Paris gehen, um mich mit leiblichen Augen davon zu überzeugen.« Er wollte mit »ungeheuer langen Beinen« nach Frankreich laufen. Erst einmal nahm er ein Boot, verließ die Insel, ließ sich hinüberrudern nach Cuxhaven, fuhr aber nicht sofort nach Paris, sondern kehrte zurück nach Hamburg – und blieb.

Heine zögerte. Gerade hatte er noch gemeint , er sei »der Sohn der Revolution«, hatte doch »der Seinefluß die gute Nachricht unmittelbar ins Meer verbreitet«, in den Sommer von Helgoland. Nun begann der Herbst, und der Sohn der Revolution lief nicht mit »ungeheuer langen Beinen« nach Paris, er saß im beschaulichen Hamburg und schrieb sich den Revolutionsfuror vom Leibe. »Nun ja, wir träumten in unsrer deutschen Weise von den Dingen, von den Juliaufständen . . . Der gallische Hahn hat jetzt zum zweiten Mal gekräht, und auch in Deutschland wird es Tag.« Und weiter: »Wir philosophierten über die Realität der Dinge an

und für sich, über die letzten Gründe der Dinge und ähnliche
metaphysische und transzendentale Träume, wobei uns der Mords-
spektakel der westlichen Nachbarschaft zuweilen recht störsam
wurde, ja sogar recht verdrießlich, da nicht selten die französischen Flintenkugeln in unsere philosophischen Systeme hinein-
pfiffen und ganze Fetzen davon fortfegten.« Im Grunde sei die
deutsche Philosophie »nichts anderes als der Traum der französischen Revolution«, dem nur das Erwachen und die Tat folgen
müssten. Doch was passierte? Man protestierte in Berlin gegen
die Hundesteuer und gegen das Rauchverbot im Tiergarten, in
Leipzig zerstörten Arbeiter Druckerpressen, in Braunschweig wurde
das herzogliche Schloss gestürmt, da und dort wurde man ein wenig laut, um sich bald wieder zu beruhigen. Also, es passierte
nichts.

Und was tat Heine? Er schrieb die Einleitung zu einer Schrift
des liberalen Publizisten Robert Wesselhöft ›Kahldorf über den
Adel‹, ließ darin seine revolutionäre Wut heraus und lehnte sich
resigniert zurück. Ja, er versuchte sogar erneut, sich eine Position
zu verschaffen in den bestehenden Verhältnissen. Doch da hatte
er sich mit dieser Einleitung selbst einen Stein in den Weg gelegt.
Er bewarb sich für eine Syndicusstelle in Hamburg, suchte auch in
Wien und gar in Berlin in der preußischen Administration Fuß zu
fassen. »Mein Streben geht dahin, mir, à tout prix, eine sichere Stellung zu erwerben, ohne solche kann ich ja doch nichts leisten«,
schrieb er im Januar 1831 an Varnhagen. Doch die Obrigkeit verbot einige seiner Schriften, auch die Einleitung zu der Broschüre
›Kahldorf über den Adel‹ fiel der Zensur zum Opfer. Heine gelang
es nicht, eine öffentliche Stelle zu erlangen. Diese Schrift hatte ihm
jegliche Chance dazu verbaut. Und so stellte er gegenüber Varnhagen fest: »Gelingt es mir binnen kurzem nicht in Deutschland,
so reise ich nach Paris«, und fügte hinzu, »wo ich leider eine Rolle
spielen müßte, wobei all mein künstlerisches poetisches Vermögen zugrunde ginge und wo der Bruch mit den heimischen Macht-
habern consommiert würde«.

Aber auch jetzt zögerte Heine noch. Wollte er den endgültigen
Bruch mit der Obrigkeit vermeiden? Hoffte er immer noch auf ein
wie auch immer geartetes Arrangement, suchte er doch vor allem

eine Sicherheit für das weitere Leben? Wagte er nicht, Hamburg und die Familie zu verlassen, die ihn unterstützte, zumal sein Onkel Salomon Heine ein reicher Bankier war? »Eines frühen Morgens brach ich meinen Bann und flog ich nach Paris, wo ich als prussien liberé ein lustiges Leben begann«, wird Heine die Wahrheit schönend zurückblicken. Denn er ließ sich Zeit für den Weg nach Paris.

In Paris – Auf wie lang?

Es war Ende April im Jahr 1831. Heinrich Heine ließ sich von seinem Verleger Julius Campe noch ein deutsch-französisches Taschen-Wörterbuch schenken, dann brach er in Hamburg auf, nahm aber nicht sofort den Weg nach Westen Richtung Paris, sondern gemächlich den nach Süden. Er machte Halt in Hannover, in Kassel, verweilte acht Tage in Frankfurt, saß dem Maler Moritz Oppenheim geduldig Modell für ein Porträt, machte Station in Heidelberg und Karlsruhe, bevor er den Rhein überquerte. »Den alten Flussgott sah ich nicht, und ich begnügte mich, ihm meine Visitenkarte ins Wasser zu werfen ... Ich glaubte ihn unten konjugieren zu hören: J'aime, tu aime, il aime, nous aimons. – Was liebt er aber? In keinem Fall die Preußen«, schrieb Heine viele Jahre später in der Schrift ›Geständnisse‹. Das Straßburger Münster, das Goethe seinerzeit so begeistert hatte, sah er nur von Ferne. Über Nancy erreichte er St. Denis, einen Vorort der großen Stadt, wurde in der Kutsche aus dem Schlaf gerissen durch das Schellengeklingel und den Ruf der Coco-Verkäufer (Coco war eine damals sehr beliebte Lakritzenlimonade): »Paris! Paris! ... Hier atmet man schon die Luft der Hauptstadt, die am Horizonte bereits sichtbar ... In zwanzig Minuten war ich in Paris und zog ein durch die Triumphpforte des Boulevards St. Denis, die ursprünglich zu Ehren Ludwigs XIV. errichtet worden, jetzt aber der Verherrlichung meines Einzugs in Paris diente.«

Die Kutsche brachte Heine auf das linke Seine-Ufer in die Rue de Vaugirard, die im Schatten des Palais du Luxembourg und in Sichtweite des angrenzenden Jardin lag, der nicht erst seit Rousssseau ein Ort einsam denkender und flanierender Geistesgrößen war. Er stieg aufgrund einer Empfehlung im Hotel des Ambassadeurs ab, gab aber als Postadresse, das hörte sich besser an, die eines Dr. Donndorf in der Rue neuve des Bons Enfants an. Kaum angekommen machte er sich auf die Suche nach dem Paris seiner Träume, spazierte durch die Stadt und auch durch den Jardin du Luxembourg. Bald stellte er jedoch fest: »Es ist schmerzlich, im Luxembourg spazieren zu gehen und überall ein Stück Hamburg oder ein Stück Preußen oder Bayern an den Schuhsohlen mit sich herumzuschleppen.« Noch war Heine nicht wirklich in Paris angekommen, da verspürte er schon Heimweh, fühlte sich als Fremder, sah sich selbst durch Paris laufen, war nicht er selber und fragte sich in einem Brief an Varnhagen: »Auf wie lang?«

Er machte sich aber auch selbst Mut zu bleiben: »Es kann mir hier nicht schlechter gehen wie in der Heimat, wo ich nichts als Kampf und Not habe, wo ich nicht sicher schlafen kann.« Er erinnert sich an das Judenpogrom des vorigen Jahres, das ihn in Hamburg geängstigt hatte. Heine fürchtete Zensur und Verfolgung in Deutschland, »wo man mir alle Lebensquellen vergiftet«. Doch in seiner Unsicherheit gegenüber der großen Stadt, die ihm in manchem noch unheimlich war, notierte er: »Hier freilich ertrinke ich im Strudel der Begebenheiten, der Tageswellen, der brausenden Revolution ... Obendrein bestehe ich ganz aus Phosphor, und während ich in einem wilden Menschenmeer ertrinke – verbrenne ich auch durch meine eigene Natur«. Er fürchtete sich vor sich selbst: »Ach, vor 6 Monaten hätte ich mich gern in die Poesie zurückgezogen und anderen Leuten das Schlächterhandwerk überlassen ... Aber es ging nicht, la force des choses, wir werden auf die Spitze getrieben.« Heine schloß dieses Resumée von einem Monat Paris: »Trübe Ahnungen beklemmen mich«, und genoß dennoch sein Pariser Leben. Der Zauber der Stadt band ihn peu à peu.

Er zog durch die Straßen, machte Halt auf den Plätzen der Stadt, kehrte in den Cafes ein, wandelte unter den Arkaden der Rue de Rivoli, entdeckte die Passagen, die die Boulevards mit den umliegenden Straßen auf oft verwirrende Weise verbinden, wunderte sich, wo er wieder ans Tageslicht kam, überquerte eine Straße, wollte durch eine Passage wieder zum Boulevard zurückkehren, ward aber angehalten, weniger durch die Auslagen der vielen Boutiquen als durch den Anblick schöner junger Pariserinnen, entdeckte den Flirt mit ihnen, wie er ihn bis dahin derart anmutig und kokett nicht kannte, als Lebenselixier und ging an ihnen vorüber, um bald wieder kehrtzumachen, die Augen einer Grisette zu suchen, die ihn gerade noch so verführerisch angeschaut hatte. Heine begab sich in den Park des Palais Royal, der seit der Julirevolution dem Volk offen stand, setzte sich in eins der öffentlichen Lesekabinette, fand dort nicht nur französische Journale, wie ›Le Globe‹, sondern auch solche aus der Heimat, besonders ›Die Augsburger Allgemeine‹, die als eine der besten Zeitungen des Kontinents galt und deren Korrespondent er bald werden sollte. Dann genoss er in einem der Restaurants wie dem »Grand Vefour« in den Arkaden des Palais Royal französische Lebensart und Küche. »Ich besuchte sogleich die Restaurants, denen ich empfohlen war; die Speisewirte versicherten mir, daß sie mich auch ohne Empfehlungsschreiben gut aufgenommen hätten ... Nie hat mir ein deutscher Garkoch dergleichen gesagt ... In den Sitten und sogar in der Sprache der Franzosen ist soviel köstliche Schmeichelei, die so wenig kostet, und doch so wohltätig und erquickend. Meine Seele, die arme Sensitive, welche die Scheu vor vaterländischer Grobheit so sehr zusammengezogen hatte, erschloß sich jenen schmeichlerischen Lauten der französischen Urbanität.« Sogleich ernannte Heine Paris zur Hauptstadt der Gastronomie, nannte die Stadt in allem, was sie dem zugereisten Deutschen bot, eine »Zauberstadt«.

Zur blauen Stunde flanierte Heine frohgemut und staunend über die Boulevards, sah die Schlangen vor den Kassen der Theater und Musikhäuser, schlich sich vielleicht in das Ballhaus »Mabille« in der Allée des Veuves oder trank noch ein Glas im Café Tortoni, bevor er, als es schon dunkel war, wieder zum linken Seine-Ufer hinüberging in sein Hotel, nicht ohne zuvor von einer der Brücken, vorzüglich vom Pont Neuf, einen Blick über die Stadt geworfen zu haben.

Schon wenige Tage nach der Ankunft hat Heine auch die königliche Bibliothek besucht. Sie barg Schätze wie den Manessecodex, die er unbedingt mit eigenen Augen sehen wollte. Er entdeckte die Gemäldesammlung des Louvre, besichtigte das ehrwürdige Pantheon im Quartier Latin auf dem Hügel von St. Geneviève, ironisierte es und die Sucht der Grande Nation, Größe und die Größe ihrer Geister – aber erst nach deren Tod – zu präsentieren. »Ich fand alles so amüsant, und der Himmel war so blau und die Luft so liebenswürdig, so generös.« Auch Spuren der Julirevolution fand er noch, »und dabei flimmerten noch hier und da die Lichter der Julisonne«, musste aber feststellen: »An den Straßenecken waren freilich hie und da die Liberté, Égalité und Fraternité schon wieder abgewischt«, und fürchtete: »Es wäre schrecklich, wenn ich nach Paris gekommen wäre, um große Dinge zu beschreiben, und fiele nichts Großes mehr vor.« Er komme überall und immer zu spät, sollte Heine später einmal resigniert feststellen.

Kaum in Paris angekommen, war Heine gleich zu den Jüngern der Revolution gepilgert. Schließlich hatte ihn nicht nur die Stadt selbst mit ihrem Glanz angelockt, sondern auch der Ort als ein Laboratorium der Ideen, der Visionen und Utopien. Er eilte in die Salle Taitbout, wo sie ihre Versammlungen abhielten, suchte sie in der Rue Monsigny auf, wo sie in einer Art Kommune lebten, Männer und Frauen, die sich aus der posthum erschienenen Schrift ›Le nouveau christianisme‹ des Claude Henri Saint-Simon nicht nur eine Ideologie gezimmert hatten, sondern auch die Vision einer kommunitären Lebensgemeinschaft, die die Vereinzelung des Menschen aufheben sollte. Saint-Simonisten wurden sie genannt oder in einer Karikatur auch die »Mönche der Revolution«. Barthélemy Prosper Enfantin hatte zusammen mit Armand Bazard aus den Ideen des Saint-Simon eine sozialutopische säkularisierte Religion erschaffen und ein Netzwerk geknüpft, das diese Ideen in ganz Frankreich propagierte. Enfantin hatte mit ›Le Globe‹ auch eine Tageszeitung übernommen, die nach 1830 großen Einfluss ausübte und seine eigene Doktrin und die »Predigten« regelmäßig abdruckte, eine Zeitung, die sogar der alte Goethe in Weimar abonniert hatte. Ludwig Börne allerdings, der wie Heine in Paris lebte, nannte den ›Globe‹ ein »Apostelblatt der Simonisten, eine Art hausierende Bibel, die alle Tage den wahren Glauben frisch und warm in die Häuser bringt. Doch ich kann keine Milch vertragen und lese das Blatt nicht.« Der Wunsch, dass alle Menschen Brüder werden sollten über jegliche Rassen- und Klassenschranken, über alle Geschlechtsunterschiede hinweg, war das Credo der Saint-Simonisten und ihre praktische Maxime, die sie in kleinen und großen Kommunen schon leben wollten. Dabei akzeptierten sie den Staat nur noch als ordnende Schutzhülle. »Mein neues Evangelium«, hatte Heine schon im Februar 1831 in einem Brief an den Hamburger Finanzmakler und Kunstmäzen Hartwig Hesse geschrieben und seiner Begeisterung für die Ideen der Saint-Simonisten Ausdruck gegeben, er nannte sie »wahrhaft göttliche Wesen«. Und er bat Hesse zugleich um die Finanzierung seiner Reise nach Paris, damit er die Revolutionsjünger aufsuchen könne.

Sie hatten seine Neugier geschürt. In ihren Visionen sah er eine Möglichkeit, durch einen neuen Menschen auch eine andere Gesellschaft zu schaffen, in der sowohl seine eigene grundsätzliche Einsamkeit als auch die in ihm vorhandenen bösen Triebe, seine Sündhaftigkeit, verschwinden könnten. Die Anziehungskraft dieser Ersatzreligion hatte sicher nicht geringen Anteil daran gehabt, dass Heine schließlich nach langem Zögern doch nach Paris gegangen war, denn er schrieb, dass er sich dort gänzlich der neuen Religion widmen und einer ihrer Priester werden wolle. Varnhagen vertraute er gar an: »Ich interessiere mich eigentlich nur für die religiösen Ideen.«

Aber die Wirklichkeit entsprach auch bei diesen Heiligen der Revolution nicht der hehren Idee. In den ersten Monaten der Pariser Zeit besuchte Heine, auch zusammen mit dem Pianisten und Komponisten Franz Liszt, häufig die quasireligiösen Versammlungen der politischen Sekte im Salle Taitbout. In seiner anfänglichen Begeisterung nannte er ihre Lehre »das dritte Testament«, in dem endlich alle Widersprüche, zwischen Geist und Körper, zwischen Mann und Frau, zwischen Arm und Reich, aufgelöst werden könnten. Zudem propagierte die Doktrin einen Pantheismus und einen irdischen Gott, der nicht mehr zornig straft, nicht auf den Menschen herabschaut und keine Demut verlangt, da er ja nun in allem sei, was ist. Es gab bei den Saint-Simonisten auch ein gewisses elitäres und hierarchisches Denken. Sie wollten zwar alle Menschen gleichstellen, doch manche noch gleicher, vor allem jene Berufenen, die sie selbst zu sein glaubten. Und so wurde Prosper Enfantin von seinen Anhängern wie ein Messias verehrt. Heine nannte ihn gegenüber Heinrich Laube den »bedeutendsten Geist der Gegenwart« und den Chefredakteur des ›Globe‹, Michel Chevalier, »den großen Apostel der größten Idee unserer Zeit«.

Doch selbst das heftigste Feuer loderte nie lange in Heine. Nach einiger Zeit entfernte er sich von diesen Idealisten, schrieb: »Wir verstanden uns nicht mehr und ich zog mich von ihnen zurück.« Er konnte sich nicht aktiv in ihre Gemeinschaft einordnen, dazu hing er zu sehr an seiner Individualität, zumal die Mitglieder der Sekte in einer bunten Uniform herumliefen, was sie auch dem öffentlichen Gespött preisgab. Heine schrieb, dass er die Lächerlichkeit fürchte, durch die sie ihr gutes Anliegen befleckten. Der tiefere Grund der Distanz zu ihnen aber lag in der Haltung dieser politisch-religiösen Eiferer zu den Künsten und somit auch zur Dichtung. »Die unsichtbare Kirche der Saint-Simonisten betrachtet die Kunst als ein Priestertum und verlangt, dass jedes Werk des Dichters, des Malers, des Bildhauers, des Musikers Zeugnis gebe von seiner höheren Weihe, dass es seine heilige Sendung beurkunde, da es die Beglückung und Verschönerung des Menschengeschlechts bezwecke«, wird Heine später schreiben. Diesen Saint-Simonistischen Realismus, der auch eine Art Tendenzkunst einforderte, lehnte Heine ab: »Ich bin für die Autonomie der Kunst.« Er fürchtete, Kunst werde von ihnen im Grunde als etwas Überflüssiges, Minderwertiges erachtet und folgerte: »Wir Poeten wären in ihrem Staat untergegangen.«

Seine Abwendung von den Saint-Simonisten wurde auch dadurch beschleunigt, dass diese sich, wie häufig bei den Sekten idealistischer Weltverbesserer, die sich auf einer Insel mitten im Meer der übrigen Gesellschaft ein Paradies bauen wollen, zerstritten, gegenseitig bekämpften und aus den Gemeinschaften ausschlossen. Heine konstatierte: »Sie standen auf ungünstigem Boden, und der umgebende Materialismus hat sie niedergedrückt.« Als ihre Versammlungen 1832 verboten wurden, machten sich bald darauf einige von ihnen mit Prosper Enfantin an der Spitze nach Ägypten auf und versuchten in exotischer Umgebung weiter auf ihrer Menschenversuchsinsel zu leben. Doch Heine stand noch einige Zeit im Bann ihrer Ideen, als er, wie er der Mutter im Oktober 1833 nach Hamburg schrieb, mit dem Gedanken spielte, ihnen nach Ägypten zu folgen, »wohin ich längst große Lust zu reisen habe«.

Viel später wird Heine in seiner Schrift ›Lutetia‹ von den »Trümmern der Saint-Simonisten« sprechen, »dessen Bekenner, unter seltsamen Aushängeschildern, noch immer am Leben sind ... Aber diese ehrenwerten Männer bewegt doch nur das Wort, die soziale Frage als Frage, der überlieferte Begriff, und sie werden nicht getrieben von dämonischer Notwendigkeit ... womit der höchste Weltwille seine ungeheuren Beschlüsse durchsetzt.« Schließlich wurden diese »ehrenwerten Männer« unter Napoleon III. zu den besten Stützen der Gesellschaft. Sie schlossen sich zusammen in einer Gesellschaft für den Bau des Suezkanals, wurden wie Enfantin zu Direktoren von Eisenbahngesellschaften und standen damit nicht nur an der Spitze des industriellen und verkehrstechnischen Fortschritts im Land, sondern schufen zugleich Objekte, die der einträglichen Finanzspekulation dienten. In einem Brief an Betty Rothschild wird Heine 1855 in einem Wortspiel von den »Parvenüs der Saint-Simonisten« sprechen, den »ehemaligen Va-nu-pieds, die jetzt Neumillionäre sind und sich vor Hochmut nicht zu lassen wissen.« So endete eine Utopie.

In den 1830er Jahren indes lebten ihre Ideen in vielen Köpfen in ganz Europa weiter, so dass sich selbst ein Dandy wie Hermann Fürst Pückler in einem Brief an Bettine von Arnim als Saint-Simonist bezeichnete. Heine jedoch brauchte ihre Erlösungsfantasien immer weniger, je länger er in Paris war. In manchen seiner Gedichte finden sich noch Spuren davon, so im siebten des Zyklus ›Seraphine‹ von 1832:

> *Auf diesem Felsen bauen wir*
> *Die Kirche von dem dritten,*
> *Dem dritten neuen Testament;*
> *Das Leid ist ausgelitten.*
> *Vernichtet ist das Zweierlei*
> *Das uns so lang betöret,*

Die dumme Leiberquälerei
Hat endlich aufgehöret.

Die letzte Strophe predigt noch mal den Pantheismus in einer für
die letzte Zeile besonders Heineschen Art und Weise:

Der heilige Gott, der ist im Licht
Wie in den Finsternissen
Und Gott ist alles, was da ist;
Er ist in unsern Küssen.

Paris – Hauptstadt der Welt

Wo war Heinrich Heine im Mai 1831 angekommen? Die Julirevolution von 1830 war vorüber, und in Paris herrschte wieder Alltag. Mit
Louis Philippe, nicht mehr König von, sondern in Frankreich, war
ein liberales Bürgerkönigtum installiert. Unter ihm wurden Kräfte
freigesetzt, die die Stadt zu einer wirtschaftlichen und kulturellen
Blüte ohnegleichen trieben bei gleichzeitiger untergründiger sozia-
ler Spannung, die sich in den nächsten Jahren immer wieder einmal
explosiv in Demonstrationen, Streiks und Barrikadenbau löste. Im
Lauf der Jahre wurden die einen immer reicher, die anderen immer
ärmer. Das Bürgertum löste alle Fesseln, die es noch an die Feudal-
gesellschaft band, und folgte der Devise der Jahre »Enrichissez-
vous«, Bereichert euch. Von dem zweiten Ministerpräsidenten der
Julimonarchie, Casimir Périer, wurde der Begriff des »Juste Milieu«,
der wahren Mitte geprägt, der eine Verschiebung der gesellschaftlichen Macht weg von den Republikanern kennzeichnete.

Mit dem Enthusiasmus des deutschen Wahlparisers, dem alles,
was er bisher im »eingeschläferten« Deutschland gekannt hatte,
selbst Berlin und Hamburg, als Provinz erschien, stellte Heine fest:
»Paris ist nicht bloß Hauptstadt von Frankreich, sondern der ganzen zivilisierten Welt . . . Versammelt ist hier alles, was groß ist
durch Liebe oder Hass, durch Fühlen und Denken, durch Wissen
oder Können, durch Glück oder Unglück, durch Zukunft oder Vergangenheit.« Er nannte die Stadt »ein Pantheon der Lebenden«,

fuhr begeistert fort: »Eine neue Kunst, eine neue Religion, ein neues Leben wird hier geschaffen, und lustig tummeln sich hier die Schöpfer einer neuen Welt ... Es dämmern gewaltige Taten, und unbekannte Götter wollen sich offenbaren.«

Paris war im Jahr von Heines Ankunft mit über 800 000 Einwohnern die größte Stadt auf dem europäischen Kontinent und sollte in den nächsten zwanzig Jahren immer mehr Menschen aus den französischen Provinzen und aus ganz Europa anziehen, so dass man 1855 knapp 1,2 Millionen Einwohner zählte, darunter zeitweise bis zu 174 000 Ausländer. Paris wurde zur Heimat der Heimatlosen Europas, wie für Heine auch, der ja nicht als politisch Verfolgter Exil in Frankreich nahm, sondern weil er in seiner Heimat keine mehr fand. Unter den Exilanten waren die Deutschen besonders zahlreich. 1831 waren es noch 7 000, bis 1839 kamen noch einmal 16 000 hinzu und sieben Jahre später waren es dann schon 59 000, Handwerker, Arbeiter, Dichter, Maler, Musiker und Publizisten. Zeitweise betrug der Anteil von deutschen »Gastarbeitern« an die 8% der Gesamtbevölkerung von Paris.

Die drei glorreichen Tage vom Juli 1830 hatten die Freiheit Suchenden ganz Europas angezogen, sah es doch zuerst so aus, als ob in Paris das Ideal einer neuen Gesellschaft errichtet würde. Nun herrsche endlich das Volk, die Republik habe gesiegt, glaubten sie und sangen von Russland über Polen, Italien bis in die Türkei die ›Marseillaise‹. Selbst der Fischer, der in seinem Boot Heine von Helgoland zum Festland zurückbrachte, sprach zu dem Dichter begeistert vom Volk, das nun in Paris gesiegt habe. Aber wer hatte wirklich gesiegt?

›Die Freiheit führt das Volk‹ war der Titel eines Bilds von Eugène Delacroix, das allegorisierend und idealisierend eine Szene der Julirevolution zeigt und ein Jahr später die Attraktion des Pariser Kunstsalons war. »Von nun an herrschen die Bankiers«, rief Jacques Laffitte, der Bankier und erste Ministerpräsident der revolutionären neuen Ordnung, aus, als er nach der kurzen, fast friedlichen Revolution der drei Sommertage den Herzog von Orléans zum Rathaus führte, wo dieser zum Bürgerkönig Louis Philippe gekrönt wurde. Laffitte hatte selbst mit einem Teil seines Vermögens die Revolution unterstützt.

Harmlos hatte alles angefangen, und keiner dachte an einen Aufstand. Schließlich herrschte in den Julitagen von 1830 in Paris mit mehr als dreißig Grad Celsius eine Hitze, die die Menschen in Lethargie versetzte. Paris döste vor sich hin. Da setzte König Charles X. – ein Bruder Ludwigs XVI. –, der sich seit der Thronbesteigung noch als ein König von Gottes Gnaden verstanden hatte, am 25. Juli 1830 die wenigen Bürgerrechte außer Kraft. Er löste das Parlament auf, verbot Zeitungen und Zeitschriften und schaffte auch noch das Wahlrecht der Handelsbourgeoisie ab. Allgemein herrschten Überraschung und Empörung über diesen Coup des Königs, der den Coup d'état auslösen sollte. Keiner kümmerte sich um die königlichen Anordnungen, sie liefen ins Leere. Einige Zeitungen erschienen weiter, ja, sie riefen zur Gegenwehr auf, die Presse hatte Macht gewonnen in den letzten Jahren. Dreiundvierzig Journalisten von elf Zeitungen unterschrieben einen gemeinsamen Protestbrief, die Händler im Palais Royal und auf den Boulevards schlossen Stände und Boutiquen, die Börsenmakler weigerten sich, die sofort fallenden Kurse zu notieren, die Industriellen machten ihre Fabriken zu, die Arbeiter von Paris hatten Zeit und Lust »Nieder mit dem König« zu rufen, denn sie standen vor den verschlossenen Toren, hatten keine Arbeit mehr und bevölkerten die Straßen. »In der Situation, in der wir uns nun befinden, hört es auf, dass der Gehorsam eine Pflicht ist«, erklärte der Historiker und Politiker Adolphe Thiers in einer Zeitung und rief dazu auf, keine Steuern mehr zu zahlen.

In den nächsten Stunden und Tagen kam es hier und da in Paris zum Barrikadenbau und zu Scharmützeln mit den Truppen des Königs, der sich nach St. Cloud zurückgezogen hatte. »Hoheit, das ist mehr als eine Revolte, das ist eine Revolution«, brachte ein Getreuer des Königs Nachricht in das parisnahe Refugium. Die Revolution wider Willen hatte nach drei Tagen gesiegt. Am 2.8. musste Charles X. schließlich abdanken. »Alles war von fabelhafter Schönheit«, erklärte und verklärte der dreiundsiebzigjährige General de La Fayette den Sieg in sengender Hitze unter blauem Himmel. Er hatte schon im amerikanischen Unabhängigkeitskrieg mitgekämpft und an der Revolution von 1789 teilgenommen. Nun sah er endlich seine Vision einer demokratischen Monarchie

Wirklichkeit werden. Vor dem Rathaus von Paris umarmte er den gerade gekrönten Herzog von Orléans und soll ihm zugeflüstert haben: »Sie sind die beste Republik.« Ein Bürgerkönig sollte die Republik sichern, auch gegen die Arbeiter der Vorstädte. Louis Philippe war von Anfang an ein Gefangener der Geldbourgeoisie. Der Bankier Baron James de Rothschild bot dem neuen Staat, einer konstitutionellen Monarchie, umgehend ein Darlehen von 60 Millionen Goldfrancs an. Die »Bourgeoisie aisée« häufte in den 30er und 40er Jahren enorme Reichtümer an Geld und Besitz an. Die Börse wurde zu dem zentralen Ort der Stadt und funktionierte zeitweise wie ein riesiger Spielsalon, in der sich die bürgerliche Elite ein fiebriges Stelldichein gab. Balzac hat diese Sucht der alten und der neuen Reichen nach wunderbarer Geldvermehrung in einigen Romanen seiner ›Comédie Humaine‹ treffend und entlarvend dargestellt und der Figur des Baron de Nucingen Züge Rothschilds verliehen.

Damit diese Bourgeoisie, die nur knapp acht Prozent der Pariser Bevölkerung ausmachte, auch ihr bequemes Leben leben konnte, wurde vor allem in den Vierteln der Reichen das Straßenbild modernisiert. Bürgersteige wurden angelegt, Abwasserkanäle gebaut, Straßen geteert oder gepflastert, damit die Bürger nicht mehr in Staub oder Schlamm laufen mussten. Die öffentlichen Orte, die Boulevards und die Passagen wurden mit der modernen Gasbeleuchtung versehen, was diese und mit ihnen die Passanten in einen noch gesteigerten Glanz versetzte. Le Flaneur illuminé, er konnte sich nun im öffentlichen Glanz spiegeln, wollte sehen und gesehen werden im neuen Licht der Künstlichkeit, das ihm sogar die Illusion einflüsterte, die Nacht würde vertrieben, es herrsche immerzu Tag.

Die Passagen und Boulevards wurden zu öffentlichen Salons, wo man wie zufällig aufeinander traf, die Geschäfte und die Liebesaffären erörterte, plauderte und Verabredungen für den Abend traf, in den Theatern, den Musikhäusern, den Restaurants, den Cafés, dem Tanzetablissement Mabille, dem Jockeyclub oder doch wieder in den Salons der Damen. »Man hat ihn in wenigen Schritten durchmessen, und doch enthält er die Welt«, charakterisierte der Dichter Alfred de Musset den Boulevard: »Er stellt einen der

Punkte der Welt dar, an denen das Vergnügen der Welt sich konzentriert.« Honoré de Balzac nannte ihn einfach »Das Poem von Paris«. Das Volk von Paris aber lebte hinter den Boulevards in einem Niemandsland, das der Bürger nicht bemerken musste, und das sich nur gelegentlich in kleinen Aufständen bemerkbar machte, die schnell und blutig unterdrückt wurden, bis es 1848 auch die Welt der Boulevards erschütterte. Danach stellte Napoleon III. die alte Ordnung wieder her.

Heinrich Heine hatte ebenfalls bald erkannt, dass die Revolution vom Juli 1830 nicht die Befreiung aller mit sich brachte, sondern die Kluft zwischen Reich und Arm noch vergrößerte, was unweigerlich zu sozialen Spannungen führen musste. Er war zwar weiterhin überzeugter Royalist und begrüßte die Einsetzung eines Bürgerkönigs, sah aber bald, dass Louis Philippe zu schwach und phlegmatisch war, um sich wirklich in den Dienst des Volkes zu stellen, und auch bald die Lust daran verlor, zu Fuß durch die Straßen von Paris zu gehen, Hände zu schütteln und sich volksnah zu geben, zumal er mehr und mehr angefeindet und in der Presse boshaft karikiert wurde.

»Louis Philippe hat vergessen, dass er den Pflastersteinen des Julius seine Krone verdankt... und seine Regierung durch das Prinzip der Volkssouveränität entstanden ist«, schrieb Heine in einer Korrespondenz. »In trübseliger Verblendung möchte er sie jetzt durch eine Quasilegitimität, durch Fortsetzung der Restaurationsperiode zu erhalten suchen. Dadurch geschieht es, dass jetzt die Geister der Revolution ihm grollen.« Zwar spiele er immer noch den Roi-Citoyen und trage auch weiterhin das zugehörige Bürgerkostüm, aber, so spottete Heine: »Unter seinem bescheidenen Filzhute trägt er jedoch eine ganz maßgebliche Krone von gewöhnlichem Zuschnitte, und in seinem Regenschirm verbirgt er das absolute Zepter.« Kamen aber handfeste Interessen ins Spiel, dann seien es die »des Geldes, und diesen müssen alle anderen weichen«. Heine beschrieb damit das Agens der damaligen Gesellschaft.

Kaum jemals sind so viele Karikaturen über eine Person in Umlauf gebracht worden wie über den Bürgerkönig. Eine Zeitung suchte damit die andere auszustechen und in den Boutiquen des

Palais Royal standen sie zum Verkauf. »Es ist gewiß tadelnswert, dass man das Gesicht des Königs zum Gegenstand der meisten Witzeleien erwählt, und dass er in allen Karikaturläden als Zielscheibe des Spottes ausgehängt ist«, schrieb Heine, in Maßen indigniert, da er den König doch schätzte. Er nannte das alles »Unfug der Fratzenbilder«, und meinte, »er ist wahrhaft zu bedauern.« Die Karikaturisten, unter ihnen Honoré Daumier, stellten die Figur Louis Philippes, der einen birnenförmigen Kopf besaß, als Birne dar und zugleich als eine absolut widersprüchliche Persönlichkeit, als Bürgerkönig mit dem Streben, ein richtiger König zu sein, der aber in den Händen der Politik und des Finanzbürgertums gefangen war. Und so wurde er bald unpopulär, traute sich immer seltener auf die Straße zu gehen, den Bürgern die Hände zu schütteln, riefen die doch: »Nieder mit der faulen Birne. Es lebe die Republik.«

Heine indes schloss, da er im Grunde die konstitutionelle Monarchie als die ideale Staatsform ansah, sein wenig günstiges Porträt des Königs mit dem nachsichtigen Urteil: »Ich glaube, Louis Philippe ist kein unedler Mann.«. Und in der Tat wird er allen Revolten zum Trotz als harmoniesüchtiger Mensch fast achtzehn Jahre lang den Thron besetzen, bis es 1847 erst zu einer wirtschaftlichen Stagnation und dann zur Krise kommt, die schließlich zur Revolution von 1848 führt, in der Paris wieder einmal zum Schauplatz der Geschichte wird und zu einem Fanal für ganz Europa.

Pariser Leben

In den ersten Monaten und Jahren, die Heine in der Stadt an der Seine verbrachte, führte er ein Pariser Leben, so gut das einem Deutschen gelingen konnte. Er besichtigte nicht nur die Museen, suchte Bibliotheken auf, flanierte durch die Straßen der Stadt, suchte Augen- und Leseschmaus in den Cafés und öffentlichen Lesesälen, stieg den Mädchen in den Passagen nach, er tauchte auch ein in das politische, gesellschaftliche, intellektuelle und künstlerische Leben von Paris und wurde ein Teil davon. »Ich erlebe viele große Dinge in Paris, sehe die Weltgeschichte mit eigenen Augen an, verkehre amicalement mit ihren größten Helden«, berichtete er stolz nach Deutschland an Friedrich Merckel. Seine Besuche bei den Saint-Simonisten wurden bald seltener, und als sie verboten wurden, waren seine Besuche schon fast versiegt. Die politisierenden Landsleute mied er, soweit es möglich war, fühlte sich einerseits gar von preußischen Spionen umgeben und fürchtete andererseits die Intrigen der Landsleute, die sich wie Jakobiner gebärdeten. Er ließ sich auch nicht für die Ziele des »Bundes der Geächteten« einspannen, der sich unter den deutschen Exilanten gebildet hatte, einer frühsozialistischen Vereinigung, später »Bund der Gerechten« genannt und schließlich ab 1847 unter dem Einfluss von Karl Marx und Friedrich Engels »Bund der Kommunisten«.

Stattdessen suchte und fand er schnell Kontakt zu den Literaten, den Musikern, Journalisten, Bankiers und Salondamen, die in den Quartiers um das Palais Royal, die Theater und die Boulevards ihre Domizile hatten. Bald gab auch Heine seinen Wohnsitz auf dem linken Seine-Ufer auf und zog im Februar 1832 auf das andere Flussufer, in die Rue de l'Echiquier, die parallel zu den Boulevards lag. Er kehrte indes in seiner permanenten Unruhe wieder auf das andere Seine-Ufer in die Rue des Petits Augustins (heute Rue Bonaparte) zurück, um ab 1835 dauerhaft auf das rechte Seine-Ufer zu ziehen. Häufig sollte er die Wohnung wechseln von der Rue Traversière (heute Rue Molière) in die Cité Bergère, dann in die Rue des Martyrs, die Rue Bleue, bevor er in der Rue du Faubourg Poissonière in der Nähe der Boulevards eine längere Bleibe fand.

»Frisch und gesund und unsterblicher denn je . . . ging ich umher auf den Boulevards von Paris«, schrieb Heine, gestand jedoch ein: »Mit dem Französischen haperte es etwas bei meiner Ankunft; aber nach einer halbstündigen Unterredung mit einer kleinen Blumenhändlerin in der Passage de l'Opéra ward mein Französisch, das seit der Schlacht bei Waterloo eingerostet war, wieder flüssig, ich stotterte mich hinein in die galantesten Konjugationen und erklärte der Kleinen das Linnéische System, wo man die Blumen nach ihren Staubfäden einteilt.« Heine machte Eindruck auf die junge Frau, so stellte er geschmeichelt selbst fest: »Sie war er-

staunt, daß ich trotz meiner Jugend so gelehrt sei, und posaunte
meinen gelehrten Ruf durch die ganze Passage de l'Opera.« Aber
noch mehr: »Ich sog die Wohldüfte der Schmeichelei mit Wonne
ein und amüsierte mich sehr. Ich wandelte auf Blumen, und manche gebratene Taube flog mir ins offene, gaffende Maul.« Doch es
sind nicht nur die kleinen Mädchen aus den Passagen, die Heine
ergötzen. »Die ernsthaften Franzosen waren die amüsantesten.«

Die wird er bald kennen lernen, in den Salons der Stadt. Vorher
aber tauchte er in die Welt der toten Bilder ein, besuchte den
Louvre mehrfach und den Kunstsalon von Paris, der in dessen Sä-
len stattfand. Den Bildern, die seit dem Mai 1831 im Salon ausge-
stellt waren, galten auch Heines erste Korrespondentenberichte
aus Paris, die er für das in Stuttgart von Johann Friedrich von Cotta
herausgegebene ›Morgenblatt für gebildete Stände‹ zwischen Oktober und Dezember des Jahres schrieb. Der Salon zeigte mit fast
tausend Gemälden einen Überblick über die aktuelle Produktion
französischer Maler. »Gottlob! Die Revolution des Julius hat die
Zunge gelöst, die so lange stumm geschienen«, schrieb er da und
meinte die neue Freiheit, die nicht nur in der Literatur, sondern in
allen Künsten und eben auch in der Malerei nun herrschte, nannte
das »die große Revolution, die im Reiche der Kunst stattgefunden«.

Heine befasste sich vor allem mit den Bildern von Horace
Vernet, Eugène Delacroix, Ary Scheffer und Léopold Robert. Seine
Kunstkritik gab sich ideologisch, wenn er etwa einem Gemälde
von Robert ›Die Ankunft der Schnitter in den Pontinischen Sümp-
fen‹ besonders viel Aufmerksamkeit widmete. Es ist ein idealisie-
rendes folkloristisches Bild von Menschen, die eigentlich einer
schweren Arbeit nachgehen, von Robert aber in eine Idylle von, wie
der selbst sagt, »Einfachheit und edlem Anstand« versetzt werden.
Heines Interpretation lautete: »Roberts Schnitter sind daher nicht
nur sündenlos, sondern sie kennen keine Sünde. Sie sind selig
ohne Himmel, versöhnt ohne Opfer, rein ohne beständiges Abwa-
schen, ganz heilig.« Sie sind der Traum eines sündenlosen Lebens,
nach dem sich Heine selbst immer gesehnt hatte. Er stellte fest:
»Der Maler, der so schön den Tod verklärt, hat jedoch das Leben
noch weit herrlicher darzustellen gewußt: Sein großes Meister-

werk ›Die Schnitter‹ ist gleichsam die Apotheose des Lebens; bei dem Anblick desselben vergißt man, daß es ein Schattenreich gibt, und man zweifelt, ob es irgendwo herrlicher und lichter sei, als auf der großen Erde.« Ganz im Sinn der Jünger des Saint-Simonisti-schen Glaubens, der den Himmel auf Erden und zwar sofort schaffen will, folgert Heine:»Die Erde ist der Himmel und die Menschen sind heilig, durchgöttert, das ist die große Offenbarung«, und preist die Farbgebung des Gemäldes, das im Übrigen nach Ende des Salons von König Louis Philippe gekauft und seiner Sammlung einverleibt wurde.

Heine suchte auch, meist vergeblich, in den anderen Bildern vor allem den sozialen Gehalt, weniger die unverwechselbare Künstlerschaft des Wie vor dem Was. »Die jetzige Kunst muss zugrunde gehen, weil ihr Prinzip noch im abgelebten, alten Regime ... wurzelt«, resümierte er enttäuscht. Deshalb stehe sie im »unerquicklichen Widerspruch mit der Gegenwart«, glaubte er indes in seinem noch vorhandenen Geschichtsoptimismus, der ja auch der Lehre seiner Apostel entsprach:»Die neue Zeit wird auch eine neue Kunst gebären«, nämlich jene Apotheose des ungeteilten Lebens wie in dem Bild des Léopold Robert. Auch für die Kunst gelte, dass »die Juliusrevolution unsere Zeit gleichsam in zwei Hälften auseinander sprengte«, wie Heine später in seiner Schrift über Ludwig Börne schreiben wird, in abgetane Vergangenheit und gewisse Zukunft. Gerade der leidenschaftliche Republikaner Börne hatte Heine bei einem Tischgespräch in einem Pariser Restaurant dafür getadelt, dass er gleich nach seiner Ankunft nichts Besseres zu tun wusste, als sich der Kunst zu widmen und darüber zu schreiben.»Börne sah darin einen Beweis meines Indifferentismus für die heilige Sache der Menschheit, und ich konnte ihm ebenfalls die Freude seines patriotischen Sauerkrauts verleiden, wenn ich von Tisch als nichts anderem als von Bildern sprach.«

Heine interessierte sich nicht vorrangig für die zeitgenössische Malerei als autonome Kunst, sein Urteil war wesentlich von der Ideologie bestimmt. So lobte er ›Die Revolution führt das Volk‹ von Eugène Delacroix, nicht nur das populärste, sondern auch das ästhetisch nachhaltigste Bild des Salons, allein wegen des Sujets. »Trotz etwaniger Kunstmängel atmet in dem Bild ein großer Gedanke«, notierte er, »heilige Julitage, wie schön war die Sonne und wie groß war das Volk von Paris.« Er kritisierte hingegen das Kolorit, denn »auf keinem von allen Gemälden des Salons ist so sehr die Farbe eingeschlagen, wie auf Delacroixs Julirevolution«. In Spott verfiel er, wenn er meinte, die Freiheit als halb entblößte Frau erinnere ihn an »jene peripatetischen Philosophinnen, an jene Schnellläuferinnen der Liebe oder Schnellliebende, die des Abends auf den Boulevards umherschwärmen«, an eine »Gassenvenus«.

Die Berichterstattung über den Kunstsalon stellte für Heine den Einstieg in eine Korrespondententätigkeit für deutsche Journale dar. Da das Leben in Paris »just nicht wohlfeil« sei und er dort sechsmal so viel Geld für den Lebensunterhalt benötige als in der alten Heimat, war er auf der Suche nach Verdienstmöglichkeiten. Doch wovon sollte er leben? Allein von der Pariser Luft und dem Anblick der Grisetten? Die Apanage, die er von den reichen Verwandten aus Hamburg erhielt, reichte nicht aus. Die Dichtung war ihm im Trubel der Großstadt abhanden gekommen und so blieb nur eine publizistische Tätigkeit. Mit Cotta, für den er schon in Deutschland Zeitungsbeiträge verfasst hatte, erörterte Heine seine finanziellen Probleme ausführlich, gestand ihm, in Geldsachen sei er geradezu Philister. Nachdem er mit Gustav Kolb, dem stellvertretenden Chefredakteur der ›Augsburger Allgemeinen Zeitung‹, in Paris zusammengetroffen war, ergab sich bald eine regelmäßige Korrespondententätigkeit für das auflagenstarke liberale Blatt, das ebenfalls zu Cottas Presse-Imperium gehörte und als bestinformiert in Deutschland galt, in den Augen der Freiheitssüchtigen aber als konservativ. So musste sich Heine erneut gegen deren Angriffe verteidigen, bezeichnete sich selbst gegenüber den »hiesigen deutschen Jakobinern« als einen »Gemäßigten« und als »Verteidiger der Institution des Königtums«. Cottas Zeitung honorierte Heines Artikel gut, und so lieferte er dem Blatt für einige Jahre Berichte aus Frankreich, deren erste unter dem Titel ›Französische Zustände‹ schon 1832 auch als Buch bei Hoffmann & Campe in Hamburg erscheinen sollten. Was aber hielt Heine für berichtenswert aus Paris?

Er hatte Großes vor. Was er berichtete, sollte über die alltägliche chronikhafte Korrespondenz hinausgehen, »Geschichtsschreibung der Gegenwart« läge ihm im Sinn, schrieb er dem Philologen Friedrich Wilhelm Thiersch nach Deutschland: »Ich habe hier in Paris die großen Dinge erwarten helfen, die noch nicht passiert sind. Sie werden aber endlich passieren, und ich werde sie ruhig und unparteilich beschreiben, wie es meines Amtes ist.« Er meinte damit das selbst auferlegte des Geschichtsschreibers »in dieser grandiosen Stadt, wo alle Tage ein Stück Weltgeschichte tragiert wird«. Heine war sich sicher, Geschichte wurde gemacht in Paris, und er wollte ihr Erzähler und Deuter sein.

In den ersten Berichten für die ›Augsburger Allgemeine‹ ging er dann auch grundsätzlich auf die Folgen der Julirevolution ein, auf die Schwäche der Regierung, die sie tagtäglich vor allem im Verhalten gegenüber dem Volk bekunde. »Der Zustand des niedern Volks von Paris ist indessen, wie man sagt, so trostlos, dass bei dem geringsten Anlasse, der von außen her gegeben würde, eine mehr als sonst bedrohliche Émeute stattfinden kann«, wie es sie in Lyon mit dem Arbeiteraufstand schon gegeben hätte. Hinzu käme, dass der Bürgerkönig Louis Philippe »den absoluten Königen täglich ähnlicher wird«, und er stehe dadurch auf »sehr unsicherem Boden«, denn er habe durch »eigene Schuld seine beste Stütze verloren ... Er kajolierte die Aristokratie, die ihn hasst, und beleidigte das Volk, das seine Stütze war«. Aufschlussreich ist in dieser Analyse der Einschub »wie man sagt«, denn Heine selbst suchte die Welt hinter den Boulevards kaum auf, um Augenzeuge zu sein, sondern zog Stoff aus den unmittelbaren Berichten anderer deutscher und der Pariser Blätter, die er tagtäglich in den Lesestuben las. Er sah nur die Bettler, die in den inneren Ring der Boulevards eindrangen.

In die der Erwartung der großen Dinge, die passieren sollten, schlich sich jedoch ein ganz anderes Ereignis ein, wodurch das Leben von Paris für Monate fast völlig lahm gelegt werden sollte. »Seit einigen Tagen herrscht in Paris die grenzenlose Bestürzung«, meldete Heine am 2. April 1832 an Cotta, »der Cholera wegen.« Das Paris der Reichen leerte sich, die Boulevards waren ausgestorben, der Park des Palais Royal verwaist, die Stadt roch nach Chlor, wer konnte, rettete sich aufs Land, die Ausländer verließen die Stadt in Panik. Heine blieb. »Ich würde auch fortgehen, wenn nicht bei der durch die Cholera eingetretenen Volksstimmung die wichtigsten Dinge vorfallen könnten.« Denn nur das »niedere Volk« blieb in Paris, besaß keine sichere Zuflucht. »Der Missmut der armen Klasse ist grenzenlos… Macht die Cholera Ravagen, so kann es hier toll hergehen«, prophezeite Heine.« Und er wäre dann Augenzeuge und Chronist der »großen« Ereignisse.

Doch die erwartete »Émeute« blieb aus, das Volk von Paris hatte zu viel mit dem Tod zu schaffen. »Da glaubte ich die entsetzlichste aller Émeuten zu sehen, die Totenémeute«, berichtete Heine, als er sich in einer Kutsche zum Friedhof »Père Lachaise« fahren ließ. »Ich war unter einige hunderte Leichenwagen geraten… Wenn die Trauerpferde an den Leichenwagen sich schaudernd unruhig bewegten, wollte es mich bedünken, als regte sich die Ungeduld in den Toten selbst, als wären sie des Wartens müde, als hätten sie Eile ins Grab zu kommen.« Die Situation spitzte sich zu, »als hie und da ein Schreien und Fluchen entstand, einige Wagen umstürzten, die Särge auseinander fielen, die Leichen hervorkamen… Ich rettete mich so rasch als möglich auf den höchsten Hügel des Kirchhofs… wo man die Stadt so schön vor sich liegen sieht… das kranke Paris, und ich weinte bitterlich über die unglückliche Stadt, die Stadt der Freiheit und der Begeisterung.«

Aus dem Paris als einem Fest des Lebens war eins des Todes geworden. Heine überlebte die Seuche, an der in wenigen Wochen allein in Paris 18 402 Menschen starben, in ganz Frankreich fast 100 000. »Es war ein verlarvter Henker, der zog mit einer unsichtbaren Guillotine ambulant durch Paris«, poetisierte Heine den Schrecken. Die Cholera war mitten in den Karneval von Paris hineingeplatzt und hatte die Menschen unter ihren Larven und Kostümen angesteckt, »als plötzlich der lustigste der Arlequine eine allzu große Kühle in den Beinen spürte, die Maske abnahm und zu aller Welt Verwunderung ein veilchenblaues Gesicht zum Vorschein kam… Das Gelächter verstummte«.

Stille herrschte in der Stadt, die Reichen waren geflohen, die Armen siechten dahin. Der allgemeine gemeine Tod nebenan stachelte Heines Sarkasmus noch an, mit dem er den Totentanz weiter schilderte. »Das Volk murrte bitter, als es sah, wie die Reichen bepackt mit Ärzten und Apotheken sich nach gesünderen Gegenden retteten. Mit Unmut sah der Arme, daß das Geld auch ein Schutzmittel gegen den Tod geworden. Der größte Teil des Juste Milieu und der Haute Finance lebt ... auf seinen Schlössern.«

So leerten sich die Quartiers der Reichen und Heine sah »auf den Boulevards nur wenige Menschen, und diese eilten einander schnell vorüber, die Hand oder ein Tuch vorm Munde.« Andere, die in Paris geblieben waren, wie der Bankier und Ministerpräsident Casimir Périer oder die königliche Familie versuchten, mit Flanell dem Tod zu trotzen. »Beim Ausbruch der Cholera versammelte die gute Königin ihre Freunde und Diener und verteilte unter ihnen Leibbinden aus Flanell, die sie meistens selbst verfertigt hat.« So gepanzert glaubte man der Cholera trotzen zu können. Der ›Figaro‹ schrieb, »Venus würde heutzutage einen Gürtel aus Flanell tragen«, und Heine berichtete nach Deutschland, »ich selbst stecke bis am Halse in Flanell und dünke mich dadurch cholerafest«. Er fügte sarkastisch hinzu: »Auch der König trägt jetzt eine Leibbinde vom besten Bürgerfell.« Der König überlebte die Cholera, Heine auch, aber Casimir Périer wurde von ihr dahingerafft. »Es ist nicht eigentlicher Mut, dass ich nicht von Paris floh, als der panische Schrecken einriß, ehrlich gesagt, ich war zu faul«, gab Heine Varnhagen in einem Brief nach Berlin vor, als Ende Mai der Schrecken ein Ende nahm.

Heines Tätigkeit als Korrespondent der ›Augsburger Allgemeinen‹ unterlag einer mehrfachen Zensur. Zum einen gab es die Selbstzensur der Redakteure, dann die Zensur der Behörden, denen jeder Artikel vorgelegt werden musste, und zum dritten vor allem anderen die Selbstzensur Heines, der er sich unterzog, da er sich bewusst war, er könne nicht die ganze Wahrheit nach Deutschland berichten. Schließlich hatte er sich vorgenommen, den Deutschen die doppelte Frage zu beantworten: »Was trieb die Franzosen, eine Revolution zu beginnen, und haben sie erreicht, was sie bedurften?« Das bedeutete zum einen, dass er seinen Landsleuten die Gründe der Revolution von 1830 klarmachen wollte. Eine solche potenzielle Anleitung für Deutschland konnte der Zensur nicht behagen. Zum anderen bedeutete die Überprüfung der Ergebnisse auch eine Kritik an der aktuellen Regierung des »Juste Milieu«.

Die Zensurbehörde in Wien reagierte prompt. Sie verwahrte sich bei Cotta gegen die »giftigen Ausschweifungen des verruchten Abenteurers« und teilte dem Herausgeber der ›Augsburger Allgemeinen‹ mit: »Ein großer Teil des Publikums ergötzt sich inniglich an der Frechheit und Bosheit eines Börne und Heine. Wenn aber Angestellte, Bankiers, Gutsbesitzer und Boutiquiers noch mehr perhorresziert werden als die ehemaligen Fürsten, Grafen und Barone, wer soll denn zuletzt die Staaten regieren?« Und so kündigte Cotta erst einmal Heines Mitarbeit an seinem Journal auf.

Der hatte ohnehin darunter gelitten, dass er nur »mit halber Zunge« sprechen konnte, und verfiel, wie er dem Hamburger Verleger Julius Campe mitteilte, in »eine bittere Stimmung, worin mich die Notwendigkeit versetzt, jeden Gedanken, den ich denke, im Kopf gleich zu zensieren; zu schreiben, während das Zensurschwert an einem Haare über meinem Kopf hängt – das ist, um wahnsinnig zu werden«. Trotz aller Selbstzensur, zu der Heine in seinen Berichten also bereit war, trotz aller Camouflage, die er gelegentlich betrieb, trotz seiner Bekenntnisse zur Monarchie, verhinderte die Zensur, dass er sich auf Dauer als Korrespondent deutscher Journale eine solide finanzielle Basis für das Pariser Leben schaffen konnte. Und so bat der nun arbeitslose Korrespondent wie immer in der Not, seinen Onkel Salomon Heine, um eine Erhöhung seiner Apanage.

Salomon Heine war dem Sohn seines 1828 verstorbenen Bruders Samson diesbezüglich immer eine verlässliche Stütze gewesen. Heine erhielt diese Erhöhung auch, grollte dem Onkel aber dennoch wegen seinem Geiz. Aus dieser unbefriedigenden Situation suchte Heine einen Ausweg und fand ihn bald, da er nun versuchte, auf dem französischen Zeitungs- und Buchmarkt Fuß zu fassen. Da gab es keine Zensur und die Honorare waren höher als in Deutschland, so dass er zwei Probleme gleichzeitig würde lösen können.

Die Jahre nach der Revolution von 1830 hatten auch zu einer Befreiung des Zeitungs- und Buchwesens geführt und einen enormen Aufschwung der Presse- und Verlagshäuser ausgelöst. Die

Schriftsteller von Paris fanden in den alten und in den neu gegründeten Zeitungen und Zeitschriften nun nicht nur genügend Platz für ihr Werk, sondern sie konnten sich mit den großzügigen Honoraren auch eine materielle Basis sichern. Das führte dazu, dass unter den neuen ökonomischen Bedingungen das Schriftstellerdasein nun zu einem Beruf wurde. Man veröffentlichte nicht nur Essays und Feuilletons, sondern Romane wurden, bevor sie als Buch erschienen, in den Zeitungen in vielen Folgen vorab gedruckt. Dadurch wurden etwa Victor Hugo, Eugène Scribe, Honoré de Balzac, Alexandre Dumas und vor allem Eugène Sue mit seinem Erfolgsroman ›Les Mystères de Paris‹ zu reichen Männern, und selbst eine Frau wie George Sand zu einer durchaus begüterten Autorin.

Schon im Januar 1832 veröffentlichte ›Le Globe‹, die Zeitung, die die Saint-Simonisten erworben hatten, einen Artikel Heines, eine Teil-Übersetzung seines Berichts über die Gemäldeausstellung des Pariser Salons. ›Le Globe‹ hatte bereits die Ankunft des deutschen Dichters in Paris in einer Rubrik vom 22. Mai 1831 vermeldet: »Der berühmte deutsche Autor, Dr. Heine, befindet sich seit vorgestern in Paris. Er ist einer jener jungen und couragierten Männer, die die Sache des Fortschritts verteidigen. Dabei fürchtet er nicht, sich den Anfeindungen der Camarilla und des Adels zu widersetzen. Monsieur Heine, voller Elan und Freimütigkeit, hat seine Feder der Verteidigung der deutschen Volksinteressen gewidmet, ohne sich dabei in einen engen Nationalismus zu verschließen.« Bald hatte er auch den Chefredakteur des Journals, Michel Chevalier, kennen gelernt, den er nicht nur »einen der edelsten Menschen, die ich kenne«, nannte, sondern als Freund bezeichnete, der ihm bis zum Tod nahe stehen sollte.

Chevalier hatte ihm in ›Le Globe‹ nun den Weg für eine publizistische Zukunft in Frankreich geebnet. Wenig später veröffentlichte die angesehene und ideologisch nicht festgelegte ›Revue de deux Mondes‹ Auszüge aus Heines ›Reisebildern‹, die zwischen 1826 und 1830 bei Campe in Hamburg erschienen waren. »Zu den Personen, die ich bald nach meiner Ankunft in Paris sah, gehört auch Victor Bohain, und ich erinnere mich mit Freude dieser jovialen, geistreichen Figur, die durch liebenswürdige Anregungen viel dazu beitrug, die Stirne des deutschen Tagträumers zu entwölken und sein vergrämtes Herz in die Heiterkeit des französischen Lebens einzuweihen«, erinnert sich Heine in den ›Geständnissen‹ später. Dieser Victor Bohain gründete Anfang 1833 ein ungewöhnliches, einzigartiges Zeitschriftenprojekt, das europäisch und literarisch sein sollte: ›L' Europe Litteraire‹. Die erste Nummer vom 1. März 1833 eröffnete Heine mit einem Artikel ›Etat Actuel de la Littérature en Allemagne‹, dem weitere sieben folgen sollten, in denen er einen Überblick über die deutsche Literatur von Lessing bis Brentano gab. »Dieses Journal, welches … durchaus der Politik fremd bleibt und sich mit den Wissenschaften und schönen Künsten beschäftigen soll, ist eine bedeutende Erscheinung. Die bedeutendsten Schriftsteller Europas werden daran teilnehmen«, berichtete Heine und vergaß sich selbst auch nicht, »und ich namentlich werde großen Anteil daran nehmen.«

Heines Aussage über den Ausschluss politischer Themen wird durch einen kurzen Satz bestätigt, der unter dem Titel ›L'Europe Litteraire‹ zu finden ist: »La Politique est complétement exclue de ce journal« (Die Politik ist gänzlich aus diesem Journal ausgeschlossen). Das war im März 1833, nicht ganz drei Jahre nach der Julirevolution, die so viele Schriftsteller in Paris mit Sympathie begleitet hatten. Aber die Desillusionierung war allgemein. Unter der Herrschaft der Finanzwelt und einem König, der immer mehr einem absolutistischen ähnelte, glaubte man die Revolution durch ihre Verwalter verraten, obwohl man doch von der neuen Freiheit auch profitierte. Die Reaktion war wie oft in Zeiten der verlorenen Illusionen eine grundsätzliche Abkehr vom Politischen und eine Hinwendung zur Kunst. Zudem hatte die Revolution den Künstlern erst einmal auch den Gegenstand geraubt, gegen den sie anschreiben konnten, und es dauerte einige Zeit, bis die neue Gegenwart ihnen genügend Stoff bot, bis Balzac, Sand, Daumier und andere der Gesellschaft wieder einen Spiegel vorhalten konnten.

Im Editorial von ›Europe Litteraire‹ ist zu lesen: »Die Literatur ist bisher als ein Anhängsel, gar als eine überflüssige Frucht der sozialen Ordnung angesehen worden. Die Zeit ist gekommen, dass sie etwas anderes werde … Heutzutage hat das Talent unabhängig von Herkunft und finanziellem Vermögen seinen Platz erobert, es zählt direkt zu den Kräften, die den Körper der Gesellschaft prägen.« Auch Heine wird sich fast zeitgleich mit dem Erscheinen der Zeitschrift, so als wäre er von ihr dazu angeregt, von den politischen Kommentaren zu den Zuständen in Deutschland und Frankreich zurückziehen, wenigstens für einige Jahre. An Varnhagen schreibt er im Juli 1833: »Ich ziehe mich übrigens von der Tagespolitik zurück und beschäftige mich jetzt meistens mit Kunst, Religion und Philosophie.«

Die Zeitschrift verstand sich als das Journal der »nationalen und ausländischen Literatur«, übernahm dabei ausdrücklich Goethes Ansicht von einer Weltliteratur, der von nun an Platz gebühre, und blickte zuerst nach Deutschland. Victor Bohain hatte Heine gebeten, in der Nachfolge von Madame de Staëls Buch ›De l'Allemagne‹ den Franzosen ein intellektuelles Bild vom Nachbarn jenseits des Rheins zu geben. Gleich im ersten Satz bezog sich Heine auf Madame de Staël, die seit sechzehn Jahren tot war, um sie aber schon wenige Zeilen später anzugreifen. Er nannte ihr Buch in seiner oft vehement verletzenden Art und Weise »kläglich und ungenießbar«. Sie habe die deutschen Dichter idealisiert, und so sei ihr Buch unfreiwillig eine Satire der deutschen Literatur geworden. Heine nutzte diesen Überblick auch, um Tieck und die Gebrüder Schlegel anzugreifen, Goethe und Schiller als unerreichbar auf ein Podest, Achim von Arnim über Novalis zu stellen, Karl Gutzkow, Jean Paul, Friedrich de la Motte Fouqué, Clemens Brentano und Ludwig Uhland zu loben, der zwanzig Jahre vor Heine auch für ein Jahr in Paris gelebt hatte. An ihm erkannte Heine indes seine eigene Wandlung, seitdem er Deutschland verlassen hatte. Vor zwanzig Jahren hatte er Uhlands Gedichtsammlung gelesen und stellte nun fest: »Damals empfand ich seine Vortrefflichkeit viel besser als jetzt; er stand mir näher an Empfindung und Denkvermögen. Aber so vieles hat sich seitdem ereignet ... ich empfinde nicht mehr das unnennbare Weh, das mich einst ergriff.« Er fragt sich, ob die Mitte von Paris der richtige Ort sei, an dem man die Gedichte des schwäbischen Poeten lesen könne. »Das Haus, worin ich eben sitze und lese, liegt auf dem Boulevard Montmartre; und dort branden die wildesten Wogen des Tages, dort kreischen die lautesten Stimmen der modernen Zeit; das lacht, das grollt, das trommelt.« Paris forderte eine andere Literatur ein als die Innerlichkeit und die Verträumtheit der deutschen Romantik, das erkannte Heine nun und das vermittelte er dem französischen Leser.

Seine Mitarbeit bei den französischen Zeitungen machte Heine in Paris bekannt und auch die Buchverleger wurden auf ihn aufmerksam. Der erfolgreiche Verleger Eugène Renduel, der in der Rue des Grands-Augustins seine Geschäftsräume hatte, machte dem ein Jahr älteren Heine das Angebot, diese Artikelserie über die deutsche Literatur als Buch bei ihm zu veröffentlichen, sicherte sich ihn neben Victor Hugo, Alfred de Musset und vielen anderen als Hausautor. ›De l'Allemagne‹ erschien 1834 in zwei Bänden bei ihm, ferner ebenfalls in zwei Bänden ›Tableaux de Voyage‹, eine Übersetzung der ›Reisebilder‹, und schon ein Jahr später konnte Heine eine fünfbändige französische Werkausgabe seiner bisherigen Schriften in den Händen halten, nur die Gedichte fehlten darin noch. Binnen kurzem war Heine als Deutsch-Pariser, ja als halb französischer Autor etabliert, und der Name Henri Heine machte die Runde in der Pariser Kunst- und Literaturszene.

Heine – Le Parisien liberé?

»Hier in Frankreich ist mir gleich nach meiner Ankunft in Paris mein deutscher Name ›Heinrich‹ in ›Henri‹ übersetzt worden, und darin musste ich mich schicken und auch endlich hierzulande selbst so nennen«, wird Heinrich/Henri Heine in seinen ›Memoiren‹ schreiben. Nun war er wirklich angekommen in Paris. Er war bekannt, geachtet, wurde in die Salons eingeladen. Die Stadt hatte ihn aufgenommen und zum Leben befreit. »Sogar die Schrecknisse, die man im eigenen Herzen mitgebracht hat nach Paris, verlieren dort ihren beängstigenden Schauer. Die Schmerzen werden sofort besänftigt. In dieser Luft von Paris heilen die Wunden schneller als anderswo«, konstatierte Heine, »es ist in dieser Luft so etwas Großmütiges, so Mildreiches, Liebenswürdiges.« Bald würde sie ihn auch zur Liebe befreien, wie viele andere vor ihm und nach ihm, die in die Hauptstadt Europas mit einer unbestimmten Sehnsucht im Herzen, im Geist und im Körper gekommen waren und kommen werden. Er führte ein vergnügtes Leben in der Stadt, in der er ursprünglich ja nur einige Zeit hatte bleiben wollen. An eine Rückkehr nach Deutschland dachte er erst einmal nicht mehr.

»Heine war schön wie die Schönheit selbst. Man könnte ihn einen germanischen Apollo nennen mit seiner hellen hohen Stirn, rein wie ein Marmortisch, die umschattet war von reichlich wallenden blonden Haaren. Seine blauen Augen funkelten von Licht und Inspiration; seine runden Wangen waren von eleganter Kontur; seine harmonischen Lippen angeordnet wie ein Reimpaar.« So schilderte ihn der französische Dichter Théophile Gautier, als hätte er sich in den blonden Beau vom anderen Ufer des Rheins verliebt, fügte aber abrupt hinzu: »Er ist ein Apoll verwandt mit Mephistopheles.« Wie viele andere Frauen und Männer war Gautier auf den ersten Blick von Heine nahezu überwältigt. Einige animierte dies quasi zu Liebeserklärungen, wie etwa Philibert Audebrant: »Sein Gesicht war eins der schönsten, das die Natur hervorgebracht hat, fast die Züge einer schönen Frau.« Aber in Heines Charme mischte sich schnell etwas anderes: »Dem göttlichen Lächeln eines Musagète folgte das Grinsen eines Satyrs, dem Charme eines Gottes die Bosheit eines Teufels«, so Théophile Gautier.

Heine wird in den folgenden Jahren, in denen er in die Pariser Gesellschaft eintaucht, viele Frauen und Männer beeindrucken und zeitweise auch eng an sich binden können. Aber dauerhafte Freundschaften wird er kaum schließen, dazu war er in der Tat zu sprunghaft, boshaft und sarkastisch, zu unduldsam, ungerecht und arrogant, zu sehr von sich eingenommen. Schon in Deutschland hatte er in einem Anflug von Selbsterkenntnis gemeint, er werde immer mehr Feinde als Freunde haben. Und auch in Paris wird er fast alle, die ihm freundschaftlich eine Zeit lang verbunden sind, vergrätzen und so verlieren. Nur ein Mensch wird ihn in der Hand haben, aber dieser gehörte nicht zur Pariser Gesellschaft.

Er hat sie gekannt, sie haben ihn gekannt, die literarischen und musikalischen Größen von Paris. Heine nannte Honoré de Balzac seinen Freund und unternahm häufige Promenaden mit ihm durch den Jardin de Tuileries oder lud ihn zum Essen ein. Er zählte

Théophile Gautier, Gérard de Nerval, Alexandre Dumas, Alfred de Musset, Pierre Jean de Béranger zu seinen Freunden, also außer Victor Hugo nahezu alle prominenten Poeten von Paris, nannte George Sand seine Cousine, nannte Freund auch die Komponisten Franz Liszt, Fréderic Chopin, Giacomo Meyerbeer, den Maler Eugène Delacroix. Heine suchte mit Eifer und oft fast verzweifelt Freundschaften in der Pariser Künstlerszene, auch zu dem einflussreichen Schriftsteller und Kritiker Charles-Augustin Sainte-Beuve, der sich ihm aber wie viele andere entzog: »Er machte mir vielfache Freundschaftsbekundungen ... er war zwar ein charmanter, zeitweilig göttlicher, oft aber teuflischer Geist.« Und bald waren die beiden zerstritten auf immer. Auch zu dem genau gleichaltrigen Dichter und Romancier Alfred de Vigny suchte Heine Kontakt und besuchte häufig dessen mittwochlichen Lese-Soirées. Aber Vigny stellte fest: »Er missfällt mir. Er ist kalt und verletzend«, und fuhr in einem Anflug von Xenophobie fort: »Er gehört zu jenen Ausländern, die Ruhm in ihrem Land nicht genossen haben und jetzt hoffen ihn woanders zu finden.« Auch der Historiker und Geschichtsphilosoph Edgar Quinet hatte Heine nach wenigen Treffen durchschaut, bezeichnete ihn als »Engel und Dämon«. Fand Heine Freundschaften unter den Künstlern von Paris, dann waren sie zumeist nur kurzzeitig.

Die vermeintlich gewonnenen Freunde zogen sich schnell zurück, weil er sie angegriffen, beleidigt und in aller Öffentlichkeit der Salons von Paris lächerlich zu machen versucht hatte. Der Moqueur in Heine war stärker als alles andere, stärker womöglich als sein Wille. Das verzieh ihm niemand, und so verlor er Freunde, die er kaum gewonnen hatte. Einzig Gérard de Nerval, Honoré de Balzac, Franz Liszt, Fréderic Chopin und für einige Jahre George Sand, bis auch sie den Kontakt zu ihm abbrach, sollten für längere Zeit einen freundschaftlichen Kontakt mit dem deutschen Dichter halten.

Schon kurz nach seiner Ankunft hatte Heine im Umkreis der Saint-Simonisten Franz Liszt kennen gelernt. Liszt führte seinen neuen Freund, von dem er auch Gedichte vertonen sollte, in den Salon der Comtesse Marie d'Agoult ein, einer großen blonden Dame von Welt. Heine war umgehend von ihr begeistert. Sie stammte aus Deutschland, aus der Frankfurter Bankiersfamilie

Bethmann, war dann in einem französischen Konvent erzogen worden und hatte 1827 den Comte d'Agoult geheiratet, ihn aber bald wieder verlassen und sich in eine Liaison mit Liszt gestürzt, aus der zwei Töchter hervorgingen. Eine von ihnen, Cosima, sollte später Richard Wagner heiraten.

Mit der Comtesse, die später unter dem Pseudonym Daniel Stern auch historische Abhandlungen verfasste, konnte der auf dem Pariser Parkett noch unsichere Heine Gedanken in der Muttersprache austauschen und bei ihr seine ersten Schritte in der mondänen Gesellschaft der Seinestadt wagen. Doch auch sie entdeckte bald den destruktiven Geist in Heines Charakter und ging auf Distanz zu ihm. Sie verließ aber auch bald Paris, um Liszt in die Schweiz und nach Italien zu begleiten, und kehrte erst 1840 wieder nach Paris zurück. Da war ihre anfängliche Sympathie für den deutschen Dichter aber erkaltet. Der Salon der Marie d'Agoult war einer der mondänsten und zugleich auch unter den Künstlern der Julirevolution beliebtesten Orte der Stadt. George Sand nannte sie »Arabella« und Balzac in seinem Roman ›Beatrix‹ »Beatrix de Rochefide«. Sie selbst schrieb: »Die Revolution von 1830 hat mich nur daran gehindert, Ehrendame der Duchesse d'Angoulème zu werden. Nun bin ich vehemente Republikanerin. So geht die Welt.«

In ihrem Salon hatte Franz Liszt seinem Freund Heine im Jahr 1833 auch George Sand vorgestellt, eine der imponierendsten und auffälligsten Figuren des Pariser Lebens. Sie war seit kurzem eine berühmte Schriftstellerin und sowohl mit ihren Romanen ›Indiana‹ und ›Lélia‹ als auch mit ihrem provozierenden öffentlichen Auftreten in Männerkleidung und Zigarre skandalumwittert. Ihr widmete Heine 1834 ein Exemplar der französischen Ausgabe seiner ›Reisebilder‹: »Meiner bezaubernden und großen Cousine George Sand, als Zeichen der Bewunderung.« In den nächsten Jahren sollte er ihre Nähe, ihre Freundschaft und wohl auch mehr suchen, was indes immer auch begleitet sein sollte von Eifersucht auf andere Männer, besonders auf den Dichter Alfred de Musset.

Henri Heine verkehrte nicht nur in der Welt der Künstler, sondern auch in der der Hautefinance. Durch die Beziehungen seines

Onkels Salomon hatte er Zugang in das Haus des Baron James Rothschild gefunden. Eine Zeit lang ging er in dessen Palast in der Rue Laffitte ein und aus. Der Baron schätzte Künstler nicht sonderlich, seine Frau Betty dafür um so mehr, die häufig Musiker, Dichter und Maler in ihren Salon einlud, so auch Heine. Der beschrieb sie nicht nur als eine der schönsten Frauen von Paris, sondern schätzte sie auch wegen ihre Kenntnisse in den Künsten und wegen ihres Esprits. Eines der großen kulturellen Ereignisse der Jahre fand seinen Ausklang in ihrem Salon. Nach der überaus erfolgreichen Premiere der Oper ›Die Hugenotten‹ von Giacomo Meyerbeer gaben die Rothschilds einen Ball in ihrem Palast. Alle waren versammelt. Die geistige und künstlerische Elite von Paris traf zusammen mit den Größen der Finanzwelt und mit den schönsten Frauen der Stadt.

So sehr Heine Betty Rothschild anbetete, ihren Mann verachtete er und machte ihn gelegentlich gar lächerlich. Eines Tages soll das Gespräch auf das schmutzige Wasser der Seine gekommen sein. Rothschild erzählte, dass er es an der Quelle gesehen und es sauber wie Kristall vorgefunden habe, worauf Heine ihm antwortete, der Vater des Barons sei auch einst ein ehrenwerter Mann gewesen. Der österreichische Schriftsteller Franz Grillparzer war einmal Ohrenzeuge eines solchen Gesprächs. Unter vier Augen habe Heine ihm gefallen, wird er sich erinnern, aber als er bei Rothschilds zum Essen mit ihm gewesen sei, habe er gesehen, wie alle Heine fürchteten, und wie der diese Furcht ausnutzte, um sich über alle Gäste zu mokieren. Dennoch beriet Rothschild den sich gelegentlich so pubertär gebärdenden Dichter in Finanzangelegenheiten, schenkte ihm Aktien oder lieh ihm Geld, das er nicht zurückverlangte. Die schöne Baronin wird Heine noch lange betören, selbst als er die Frau seines Lebens in Paris gefunden haben wird.

Hauptstadt der Liebe

Geh nicht durch die böse Straße,
wo die schönen Augen wohnen -
Ach! Sie wollen allzugütig
Dich mit ihrem Blitz verschonen

Grüßen allerliebst herunter
Aus dem hohen Fensterbogen,
Lächeln freundlich, (Tod und Teufel!),
Sind dir schwesterlich gewogen

Straßen, Gassen, Passagen von Paris, durch die Heinrich Heine in den ersten Wochen und Monaten nach seiner Ankunft in der Stadt, die Liebe verspricht, streift, Orte verborgener Wollust, die zur Liebe locken, wo er an Frauen vorübergeht, Orte, an denen sie an ihm vorübergehen, Blicke, Winke, Grüße, tauschen, Augenlust, und dann?

Doch du bist schon auf dem Wege,
Und vergeblich ist dein Ringen;
Eine ganze Brust voll Elend
Wirst du mit nach Hause bringen

1833 hat Heinrich Heine dieses Gedicht des Kurzzyklus ›Clarisse‹ geschrieben. Von Lockung, Liebeslust und schließlich Verdruss erzählen die Verse, die nicht mehr weit entfernt sind von den Versen eines anderen Dichters, der zehn Jahre später als Heine durch die Straßen streifen wird, sich treiben lässt, Blicke erhascht, Frauen folgt und in ›An eine Vorübergehende‹ schreiben wird von der »fugitive beauté«, der flüchtigen Schönheit, und von »la douceur qui fascine et le plaisir qui tue«, von der faszinierenden Anmut und von der Lust, die tötet. Es war Charles Baudelaire, der die ›Blumen des Bösen‹ sammelt. Heine sprach schon 1829 von den »giftigen Blumen« der Liebe, als er einige Monate in Potsdam gelebt hatte, und schrieb: »Die lebendigen Weiber, mit denen ich in unabweisliche Berührungen kam, wie haben sie mich gequält, zärtlich gequält ... welche rastlose Eitelkeit. Welche Freude an der Lüge, welche küssende Verräterei, welche giftigen Blumen.« Diese giftigen Blumen erblickte er immer wieder auch in Paris:

Es fallen auf mein Herz herab
All deine heißen Liebesblicke,
wie Sonnenstrahlen auf ein Grab.

Diese Zeilen eines anderen Gedichts des Zyklus ›Clarisse‹ sind die
Essenz der ersten beiden:

> *Es kommt zu spät, was du mir lächelst,*
> *was Du mir seufzest, kommt zu spät!*

Dreiunddreißig Jahre war Heine schon, als er in Paris ankam und
den Mädchen der Passagen folgte, die ihm schöne Augen machten, ihm zulächelten, aber dennoch:

> *Jugend, die mir täglich schwindet,*
> *Wird durch raschen Mut ersetzt,*
> *Und mein kühnrer Arm umwindet*
> *Noch viel schlankre Hüften jetzt*
>
> *Tat auch manche sehr erschrocken*
> *Hat sie doch sich bald gefügt;*
> *Holder Zorn, verschämtes Stocken*
> *Wird von Schmeichelei besiegt*
>
> *Doch wenn ich den Sieg genieße,*
> *Fehlt das Beste mir dabei.*
> *Ist es die verschwundne, süße*
> *Blöde Jugendeselei?*

In seiner frühen Jugend hat er noch unbeschwert lieben wollen
und können. Dann kam der Schmerz über eine verlorene Liebe,
ein Schmerz, den er Jahre lang mit sich getragen und nun mit nach
Paris gebracht hat, um vielleicht von ihm erlöst zu werden? Und
wird er es? Wird Heine nach dem Liebesverlust von vor mehr als
fünfzehn Jahren eine zweite Liebe in der Stadt der Liebe finden?
»Sie *liebt* mich *nicht*. In dem ersten Wörtchen liegt der ewig leben-
dige Himmel, aber auch in dem letzten liegt die ewig lebende
Hölle«, vertraute er im Oktober 1816 seinem Freund Christian
Sethe an, nachdem seine Cousine Amalie sich ihm versagt hatte.
»Höllenqualen« litt er, wird er sich erinnern, und »es dringt höl-
lisches Schmerzgeschrei hervor«. Das wird zum Gedicht, immer

wieder, ob er die, die er einst verloren hat, nun Evelina, Agnes, Ottilie, Bertha nennt oder ihr mit Angelique nun einen französischen Namen gibt. Alle anderen Liebschaften, alle flüchtigen Liebesfantasien waren seitdem Ersatz für die eine Liebe.

> *Wild küsst sie und umschlingt sie mich,*
> *Die Brust so weiß wie Schnee*
> *Bedeckt mich lieb und inniglich, –*
> *Mir war so wohl, so weh.*

So erzählt Heine in der nicht gedruckten Erstfassung des Gedichts ›Die Blasse‹ aus dem Zyklus ›Junge Leiden‹ letztlich schmerzlich von der Liebschaft mit einer Frau, die jene Erste, die Einzige, mit ihren Küssen verdeckt. In einem anderen Gedicht folgen der Frage »Wenn ich sie nicht lieben sollt'« vier in der Druckfassung des Gedichts nicht vorhandene Zeilen einer Liebesfantasie:

> *Ich möchte sie nur einmal umfangen,*
> *Und pressen an glühender Brust!*
> *Nur einmal die Lippen und Wangen*
> *Zerküssen mit Wahnsinnslust!*

Die versagte Jugendliebe nistete im Herzen und im Körper. Von ihr wird Heine noch wenige Jahre vor seinem Tod seinem Dichterfreund Gérard de Nerval erzählen, der dazu schrieb: »Was ich zuerst ahnte, gestand Heine mir selbst ... Wir litten beide an einer und derselben Krankheit, wir sangen beide die Hoffnungslosigkeit einer Jugendliebe tot. Wir singen noch immer und sie stirbt nicht.« Erste Liebe, letzte Liebe? Oder doch nicht? Heine ging in den ersten Monaten von Paris an vielen Frauen vorüber, die ihm nachschauten und denen er nachschaute. Der einen oder anderen mag er gefolgt sein, die eine oder andere mag ihn erhört haben. »Ich schreibe diese Zeilen im Bett meiner schönhüftigen Freundin, die mich diese Nacht nicht fortließ«, verriet er Heinrich Laube im Juli 1833 brieflich. Wie viele »schlanke Hüften« mag »sein kühner Arm« umwunden haben, bevor er auf die eine traf, die seine zweite Liebe wird, die ihn erlösen kann vom Übel der Liebe?

Er sah sie in einer der Passagen, die seitwärts führt vom Boulevard in das Gewirr der Gassen von Paris, ging vorüber, kehrte zurück, sah sie erneut an und sie ihn vermutlich. Da sprach er sie an. Sie ließ er nicht an sich vorübergehen, und sie den jungen blonden Schönling auch nicht. Und im Unterschied zu seiner ersten Liebe erfüllte sich diese zweite bald, schnell, heftig, turbulent, zu turbulent, so dass er sie bald wieder floh, eine Distanz setzte, um doch wieder zu ihr zurückzukehren. Ein Augenblick mit Folgen für ein ganzes Leben. Er war gefangen, war ihr hörig. »Eine Frau kann ihn unbegrenzt beherrschen«, wird eine andere Frau über ihn Jahre später schreiben.

Ein Mädchen vom Land hatte Heinrich Heine in der Hand, wird ihn nicht mehr loslassen. Augustine Crescence Mirat. Sie war nur eine kleine Verkäuferin in einem Schuhgeschäft der Passage des Panoramas, war aus dem Dorf Le Vinot bei Melun mit etwa sechzehn Jahren ins fünfzig Kilometer entfernte Paris gekommen und wartete begierig auf das, was da kommen könnte, erhielt bei ihrer Tante Maurel Anstellung als Verkäuferin und hielt Ausschau nach dem Leben. Der eine und andere kam vorbei, begutachtete Schuhe und mehr oder weniger verstohlen sicher auch das Mädchen. »Eine hübsche Brünette mit Feueraugen, aus denen Geist blitzt«, wird August Lewald sie später schildern. Heine sah ihre Feueraugen, sah mehr, wollte sie einfangen, gab ihr den Namen Mathilde, so als wäre sie dadurch für immer sein. Aber so leicht ließ sich Augustine Crescence nicht einfangen. Sie schaute weiter anderen Männern nach, während sie sich ihm hingab, schürte so seine Eifersucht, liebte es, tanzen zu gehen, liebte es zu flirten, liebte aber ihn. »Die Tollste der Tollen« nannte Heine seine Geliebte und litt unter ihrem Temperament, unter ihrer Zanklust, litt Lust an den Demütigungen, die sie ihm zufügte.

> *Bin ich bei dir, Zank und Not!*
> *Und ich will mich fort begeben!*
> *Doch das Leben ist kein Leben*
> *Fern von Dir, es ist der Tod.*

Grübelnd lieg ich in der Nacht,
zwischen Tod und Hölle wählend –
Ach ! ich glaube dieses Elend
Hat mich schon verrückt gemacht.

Heine hatte in Berlin, London, Florenz und vor allem in Hamburg Bordelle gesucht und immer gefunden, nannte die leichten Mädchen: Die lange Mahle, Posaunenengel-Hannchen, Kuddelmuddel-Marie, Dragoner-Kathrine, rote Sophie, Pique-As-Louise, die keusche Susanne, Strohpuppenjette, große Malvine. In Paris kamen neue Namen dieser »Göttinnen des Leichtsinns«, die ihm in den Gassen entgegentraten, so zahlreich hinzu, dass er an seinen Lüneburger Jugendfreund Rudolf Christiani zweideutig schrieb. »Was das eine große Übung ist, die man durch die Französinnen erlangt, das ist was Außerordentliches!« Diese Mädchen der Freude aber waren so zahlreich, daß Vetter Carl ihn aufforderte, sich zu mäßigen, sich zurückzuhalten, und Bruder Maximilian riet, er solle sich mit Huren in Acht nehmen.

Nun aber hatte er in den Herbsttagen des Jahres 1834 ein Mädchen gefunden, das auch ein leichtes war, ihm auch Freude gab, aber nicht aus Profession. Dieses wollte er, weil es mit ihm die Sünden der Liebe lebte und ihn dennoch vielleicht von ihnen erlösen würde und von der Depression-danach, der »ganzen Brust von Elend«. Hatte Mathilde auch seine Natur erkannt, und zwar »zu allen Stunden«, die den Schmerz der Lust der Liebe gleichsetzen?

Überall wo du auch wandelst,
schaust du mich zu allen Stunden
Und je mehr du mich misshandelst,
Treuer bleib ich dir verbunden.

Denn mich fesselt holde Bosheit
Wie mich Güte stets vertrieben;
Willst du sicher meiner los sein,
Mußt du dich in mich verlieben.

Weder die Bosheit der »Holden« noch ihre Verliebtheit wurden ihm bald zu viel, wohl eher die eigene Eifersucht auf das flatterhafte Wesen seiner Geliebten. Sie stürzte ihn in Verzweiflung, und er begann sich vor sich selbst zu fürchten und davor, wozu er fähig wäre, wenn sie ihn und er sie schlug, und er nicht sie, sondern aus Eifersucht nur ihren Papagei Cocotte umbringen würde.

Heine floh. Zu einer anderen. »Ich habe niemals so etwas Fabelhaftes, Poetisches, Feenhaftes gesehen wie dieses schwarze Haar, das sich in wilden Wellen von der durchsichtigen Blässe Ihres Gesichts abhob«, schrieb er im April 1834 an die Principessa Cristina di Belgiojoso-Trivulzio, fuhr fort, »dieses Gesicht haben Sie irgendeinem Bild des 15. Jahrhunderts gestohlen ... oder sogar den Dichtungen des Ariost«. Heine schloss diesen Werbebrief um die schöne Italienerin, die in Paris nicht nur ihn betörte: »Dieses Gesicht verfolgt mich Tag und Nacht wie ein Rätsel, das ich lösen will. Um Ihr Herz, das zweifellos sehr schön ist, sorge ich mich sehr wenig. Alle Frauen haben Herzen, und es gibt welche, die wunderbare haben, zum Beispiel meine Großmutter. Aber keine hat Ihr Gesicht.« Und weiter erzählte er ihr von seinen Tag- und Nachtfantasien: »Wirklich Madame, ich scherze nicht, Tag und Nacht zermartere ich mir den Kopf, um die Bedeutung dieses Gesichts, dieser unerhörten Augen, dieses geheimnisvollen Mundes.«

Heine schickte ihr mit Widmung ein Exemplar seiner ›Tableaux de voyage‹, die gerade auf Französisch erschienen waren: »Einen Gruß an die schönste, die gutherzigste, die bewundernswerteste Frau, die ich je auf dieser Erde kennen gelernt habe. Die Erinnerung an Sie erfüllt meine ganze Existenz.« Er hatte die 25-jährige Italienerin in ihrem Salon in der Rue d'Anjou kennen gelernt. Sie war der völlige Kontrast zu Mathilde. »Man kann nicht schöner sein als Sie, an Seele und Körper«, schmeichelte er ihr erneut und floh bald vor der einen, mit der er sechs Monate eines turbulenten Liebeslebens genossen und erlitten hatte, zu ihr auf das Anwesen La Jonchère unweit von Paris. Einige Sommerwochen blieb er Gast der schönen Dame.

»Ich Tor glaubte«, schrieb er dem Verleger Campe aus La Jonchère, »die Zeit der Leidenschaft sei für mich vorüber, ich könnte niemals wieder in den Strudel rasender Menschlichkeit hineingerissen werden, ich sei den ewigen Göttern gleichgestellt in Ruhe, Besonnenheit und Mäßigung – und siehe! Ich tobte wieder wie ein Mensch, und zwar wie ein junger Mensch. Jetzt ist die Seele wieder beschwichtigt … und ich lebe heiter und gelassen auf dem Schloß einer schönen Freundin in der Nähe von Saint Germain, im lieblichen Kreise vornehmer Personen und vornehmer Persönlichkeiten.«

Cristina di Belgiojoso hatte Italien 1831 verlassen müssen, da sie, obwohl adlig, den Republikanern nahe stand und fand Asyl in Paris. Sie stammte aus einem vermögenden Mailänder Haus, hatte 18-jährig einen leichtlebigen Prinzen geheiratet, sich nach zwei Jahren mit ihrem Ehemann zerstritten, aber arrangiert, und lebte ohne ihn in Paris und auf dem ländlichen Anwesen. Sie habe Augen groß »wie Untertassen und einen Geist wie ein Dämon«, sagte eine Rivalin der Pariser Gesellschaft, die englische Lady Granville, aber die Männer lagen ihr zu Füßen und schauten zu ihren großen Augen auf. Schwarzer Veloursstoff mit aufgestickten Sternen bedeckte die Wände ihres Pariser Appartements, dunkle Möbel schufen eine Atmosphäre, die an ein Totenhaus erinnerte, so dass Alfred de Musset sich gar vor den schönen Augen der Principessa fürchtete, wenn er diese »groß, dunkel, grausam« nannte, zumal sie schwarze Bänder um die hohe Stirn trug, unter denen pechschwarze Augenbrauen lagen, und ihr Gesicht fahlweiß schminkte. Heine nannte ihren Salon sogar ein Gefängnis, in dem aber die Seele eines Engels herrschte.

In ihrem Salon verkehrte Tout Paris, Politiker, Bankiers, vor allem aber Maler, Dichter und Musiker, unter ihnen auch der junge Jacques Offenbach, der für sie die Tasten des Klaviers streichelte. Balzac liebte sie, nannte sie »la Princesse bellejoyeuse«, soll seiner Feodora, einer »femme à la mode« in dem Roman ›La Peau de Chagrin‹ ihre Züge gegeben haben. Der greise General La Fayette verehrte sie, ebenso der blinde Historiker Augustin Thierry, Francois Mignet, der Conte Camillo Cavour und auch Franz Liszt, der mit dem österreichischen Pianisten Sigismund Thalberg um ihre Gunst stritt, und ihr seine Komposition ›Hexameron‹ widmete. Welche Chance konnte Heine da noch haben? Versagte sie aber ihre Gunst, wie fünf Jahre lang dem Dichter Alfred de Musset, so

erntete sie auch Hohn und Spott, Musset warf ihr in einem Gedicht vor, nur zum Schein zu leben, während aus ihrer Hand ein
Buch fiel, in dem sie keine einzige Zeile gelesen habe.

»Ehe er singt, muß der Dichter leben«, schrieb Heine an Campe
vom Landsitz der Prinzessin, kostete das Leben im Schatten ihrer
Schönheit aus. Auf Dauer konnte er nicht in Jonchère bleiben, so
gern er wohl an ihrer Seite gelebt hätte. Doch nach Paris zu Mathilde, die ihm wieder die Höllenqualen der Liebe und der Eifersucht bereitet hätte, wollte, ja, konnte er nicht zurück. Und so floh
er weiter, ans Meer, das seit je sein Gemüt beruhigte, das ihm ein
vertrauensvoller Gesprächspartner war. Schon im Sommer seiner
Ankunft hatte er einige Wochen in Boulogne-sur-Mer verbracht,
kehrte auch 1835 dahin zurück, nahm nun die Stadt am Meer als
Fluchtziel und harrte von Juli bis Dezember dort aus.

Von Boulogne schrieb er an Heinrich Laube über seine Seelen-
qual: »Ich wandelte ruhig und im Lichte, aber seit neun Monden
sind große Stürme wieder in meiner Seele laut geworden, und un-
absehbar lange Schatten lagerten sich um mich her... ich bin
noch immer beschäftigt, die aufgeregte Seele zu beschwichtigen.
Und, wo nicht zum hellen Tag zu gelangen, doch wenigstens nicht
aus einer dicken Nacht hervor zu arbeiten.« Kein Zweifel, Heine
litt immer noch an der Liebe zu Mathilde. Zu einer Liebe mit der
schönen Prinzessin war es trotz aller seiner Schmeichelei nicht gekommen, obwohl er ihr noch einmal schrieb, dass seine »bewun-
dernden Gefühle zu ihr zu einem religiösen Kult« geworden seien.
Doch sie versagte sich ihm. Und so erwähnte er gegenüber Laube
zwar seinen Aufenthalt auf dem Schlosse des »schönsten und edelsten und geistreichen Weibes«, fügte jedoch nach Gedankenstri-
chen an, »in welches ich aber nicht verliebt bin.«

In dem mondänen Badeort an der Kanalküste, der auf dem Weg
nach England lag und neben Franzosen auch viele Briten als Gäste
sah, saß Heine nun wieder der geliebten See gegenüber. »Ich bin
umgeben vom Meer, vom Wald und von Engländern, die ebenso
stumm sind wie der Wald – ich will nicht sagen ebenso hölzern«,
teilte er dem Historiker Théodore Toussenel nach Paris mit. Doch
selbst das Meer konnte Heines Leiden an der Liebe nicht dauerhaft
beruhigen, und so musste er an Laube schreiben: »Ich bin trübe

und bitter gestimmt; ich lebe am Meer und meine Gedanken tragen immer dessen Kolorit; heut ist das Meer dunkelgelb mit schwarzen Streifen.« Es vermochte die trüben Gedanken nicht zu verscheuchen, die die »jetzige Untätigkeit« zur Folge hatten. » Ich bin noch immer beschäftigt, die aufgeregte Seele zu beschwichtigen . . . Werde noch einige Zeit hierbleiben«, kündigte er an. Er war nicht in der Lage zu dichten, sondern verschanzte sich in der städtischen Bibliothek von Boulogne hinter Büchern, musste Laube, der ihn um Beiträge für seine ›Zeitung für die elegante Welt‹ und die geplante ›Mitternachtszeitung‹ bat, gestehen, dass er »in diesem Augenblick ganz ohne Fetzen Manuskript« wäre und ihm nur vier Gedichte schicken könnte, die er in Paris über das Leben mit den Frauen geschrieben habe. Darunter war jenes Poem ›An Jenny‹, das Laube nur anonym abdrucken solle. Es erzählte erneut von seiner unglücklichen Jugendliebe, an die er sich in seiner jetzigen Liebesflucht wieder erinnerte.

Ich bin nun fünfunddreißig Jahr alt,
Und du bist fünfzehnjährig kaum . . .
O Jenny, wenn ich dich betrachte,
Erwacht in mir der alte Traum.

Im Jahre achtzehnhundert siebzehn
Sah ich ein Mädchen, wunderbar
Dir ähnlich an Gestalt und Wesen
Auch trug sie ganz wie du das Haar

Ich geh auf Universitäten,
Sprach ich zu ihr, ich komm zurück
In kurzer Zeit, erwarte meiner.
Sie sprach: ›Du bist mein einzges Glück‹.

Und er erinnerte sich an den damaligen Liebesverrat, als er in Göttingen die Nachricht erhielt, dass seine Braut sich mit einem anderen vermählt hatte.

Es war am ersten Mai! Der Frühling
Zog lachend grün durch Feld und Tal,
Die Vögel sangen, und es freute
Sich jeder Wurm im Sonnenstrahl.

Ich aber wurde blaß und kränklich,
Und meine Kräfte nahmen ab;
Der liebe Gott nur kann es wissen
Was ich des Nachts gelitten hab.

Zwar beabsichtigte er immer mal, wie er an Campe schrieb, von einem auf den anderen Tag nach Paris zurückzureisen, verschob aber die Rückkehr bis in den Dezember hinein. Am 2. des Monats schrieb er noch an den Historiker François Mignet: »Erstens habe ich hier eine gute Bibliothek gefunden … dann geh ich oft zum Fischfang … ich führe hier dieses bescheidene und verträumte Leben, das mir besser bekommt als das glänzende und unruhige Leben der großen Welt.« Und doch konnte Heine nicht umhin, an die Principessa zu denken: »Ich weiß wohl, dass sie in meiner Abwesenheit nicht an mich denkt, und wahrhaftig, ich habe nicht die Anmaßung mich darüber zu ärgern. Sie tut schon genug für mich, indem sie geruht, mir ein freundschaftliches Lächeln zu gewähren. Sie ist jung und hübsch und sehr hübsch und geistvoll und Fürstin, und die Saison der Vergnügungen in Paris hat schon begonnen«, da fügte er einige Gedankenstriche ein und fuhr verbittert fort, »und ich wäre ein Ungeheuer, ein Barbar, ein Tedesco, wenn ich ihr durch die Bitte um ein Lebenszeichen, einen einzigen dieser kostbaren Augenblicke raubte.« Spätestens auf ihrem Schloss in Jonchère hatte Heine erfahren, dass die Prinzessin ihn, den bürgerlichen Poeten Heine, nicht erwählen würde, und so verwies er jetzt darauf, dass er eines Tages, aber das werde noch dauern, nur ihr »Ballanche« sein werde, was so viel bedeutete wie ein Seelenfreund. Doch vergessen konnte er sie so bald nicht. Ein Jahr später wird er ihr erneut seine Liebe gestehen und sein allergrößtes Unglück, »ihrer Freundschaft unwürdig zu sein«.

Noch aber saß Heine am Meer in der Normandie, einsam und unschlüssig. Welche Wahl blieb ihm in der Liebe? Zurück zu Mathilde? Cristina di Belgiojoso hatte er schon zuvor seinen Abstieg in den Untergrund der Leidenschaften gestanden: »Lachen Sie darüber nicht zu sehr... Ich habe meine Eigenschaften als Gott vergessen, ich habe meine Göttlichkeit kompromittiert, ich bin in den Kot der menschlichen Leidenschaften hinabgestiegen«, und meinte damit seine Hörigkeit gegenüber einem Mädchen aus dem Volk. Es blieb ihm keine andere Wahl, als zu Mathilde zurückzukehren. Er wird Laube eröffnen: »Ich bin verdammt, nur das Niedrigste und Törichste zu lieben«. Er hatte versucht, sich mit der Flucht zu der Prinzessin und dann weiter ans Meer von ihr zu befreien. Es war ihm nicht gelungen. Und so machte sich Heine im Laufe des Dezember wieder auf den Weg nach Paris, kurz bevor in Deutschland durch die Hohe Bundesversammlung seine Schriften zusammen mit denen des ›Jungen Deutschland‹ verboten wurden, obwohl er sich dem kaum zugehörig fühlte. Aus Boulogne-sur-Mer hatte er noch geschrieben: »Mit dem Jungen Deutschland stehe ich nicht in der mindesten Verbindung; wie ich höre haben sie meinen Namen unter die Mitarbeiter ihrer neuen Revue gesetzt, wozu ich ihnen nie die Erlaubnis gegeben habe.«

Zurück in Paris, begann für Heine ein neues Leben. In einer dorfähnlichen Oase parallel zu den Boulevards, die heute noch eine kleine Stadt in der Stadt bildet, in der Cité Bergère Nummer 3, bezog er eine neue Wohnung. »Sie ist prächtig und wollüstig angenehm, so dass ich jetzt warm und wollig sitze«, meldete er dem Verleger Julius Campe. »Ich befinde mich gesünder und heiterer als jemals und genieße mit vollsaugender Seele alle Süßigkeiten dieser Lustsaison«, besuchte die Konzertsäle, die Theater, sah allein Meyerbeers Oper ›Die Hugenotten‹ zehnmal, saß in den Cafés und nahm sein Leben als Flaneur wieder auf. Er war glücklich wie jedes Mal, wenn er nach längerer Abwesenheit die Luft von Paris wieder atmen konnte.

Zudem versüßte Mathilde sein Leben, denn er war nach der Flucht vor ihr zu ihr zurückgekehrt, hatte sie in die neue Wohnung mitgenommen, mit ihrem neuen Papagei Cocotte II. »Mathilde erheitert mir das Leben durch beständige Unbeständigkeit der Laune, nur höchst selten noch denke ich daran, mich nebst sie zu vergiften oder zu asphixieren; wir werden uns wahrscheinlich auf eine andere Art ums Leben bringen.« Sie hauste nun mit dem Papagei in dem gutbürgerlichen Haus bei dem Dichter. Sie hatte nie ein Gedicht von ihm gelesen, sie konnte kein Deutsch, sie fragte seine Freunde, ob Henri denn wirklich ein Dichter sei, besaß keinerlei Neugier auf das, was ihr Liebhaber im Leben tat, wenn er sie gerade mal nicht liebte. Sie stritten sich und versöhnten sich, sie spielten Szenen einer Ehe, obwohl sie noch nicht verheiratet waren. Mit dem Einstieg ins bürgerliche Leben hatte für Heine der Abschied vom Junggesellendasein begonnen. Er hatte sich ihr gefügt, und seine masochistische Ader hatte Lust an diesem Leben von Hass und Liebe gefunden, er war endgültig zu ihr herabgestiegen, nannte sie »die süßeste Verbringerin, die je auf der Welt ihren Mann gequält und beglückt«.

Vor allem quälte ihn die Eifersucht, wenn Mathilde ausgegangen war, sich auf den Boulevards zeigte oder in den Boutiquen Flitter kaufte, um sich zu präsentieren, wenn sie tanzen ging mit einer Freundin und erst spät in der Nacht zurückkehrte zu Heine, der sich in Szenen hineinfantasiert hatte: »Ja, schmerzlicher als der Verlust durch den Tod ist der Verlust durch das Leben; z. b. wenn die Geliebte in wahnsinniger Leichtfertigkeit sich von uns wendet, wenn sie durchaus auf einen Ball will, wohin kein ordentlicher Mensch sie begleiten kann, und wenn sie dann ganz aberwitzig bunt geputzt und trotzig frisiert dem ersten besten Lumpen den Arm reicht und uns den Rücken kehrt.« War sie schließlich zurück, hüllte er auch seine Eifersucht in ein Gedicht: »Hältst Du mich für einen Dummkopf/ Welcher glaubt all Deine Lügen/ Oder für den lieben Herrgott,/ Dem Verzeihen ein Vergnügen«, dichtete er seine Vorwürfe gegen sie um, nannte Lügen die Verteidigungsversuche, mit denen sie ihre Aventuren außer Haus rechtfertigte. Und weiter im Gedicht:

> _Deine Nücken, deine Tücken,_
> _Hab ich freilich still ertragen._
> _Andre Leut' an meinem Platz_
> _Hätten längst dich totgeschlagen._

Doch Heine weiß, er wird von Mathilde nicht loskommen, weiß, sie wird ihn von den Qualen der Liebe, von den Sünden der Liebe endlich erlösen.

Schweres Kreuz ! gleichviel, ich schlepp' es !
Wirst mich stets geduldig finden –
Wisse, Weib, daß ich dich liebe
Um zu büßen meine Sünden.

Ja, du bist mein Fegefeuer,
Doch aus deinen schlimmen Armen
Wird geläutert mich erlösen
Gottes Gnade und Erbarmen.

Was aber fesselte ihn an sie, und was sie an ihn so, dass sie, bis dass der Tod sie scheiden würde, zusammenblieben? Heine hatte in Mathilde eine Frau gefunden, die sich ihm uneingeschränkt hingab, wohl zum ersten Mal in seinem Leben. Zuvor hatten sich die Frauen ihm oftmals verweigert oder er musste für ihre Liebesdienste zahlen, die aber eben nur Dienst waren, keine Liebe im Preis inbegriffen. Zwar ging auch die Legende um, Heine habe Mathildes Tante 1000 Francs gegeben, damit sie ihm ihre Nichte überließ, aber das war wohl nur ein Gerücht, das Madame Jaubert, eine Salondame der Pariser Gesellschaft, ausgestreut hatte. Mathilde hatte in Heine einen Mann gefunden, der sie aus dem Grisettendasein herausholte. Er konnte ihr zwar keine gutbürgerliche Existenz bieten, da er nur ein Dichter war, wobei sie gar nicht genau wusste, was das war, aber er hielt ihre Launen aus, war bereit, sich nach jedem Streit wieder mit ihr zu vertragen, was sie einander verschworen machte. Zugleich hatte sie festgestellt, dass sie ihn beherrschen, ihren Willen durchsetzen, und dadurch auch weiter sich im Pariser Leben amüsieren konnte. Er war für sie ein liebenswertes Kuriosum, ein smarter, wenn auch nicht mehr ganz junger Mann, dem sie sich gern hingab und dem sie gern auch ihre Fürsorge widmete. Ein Mann, nicht ganz erwachsen geworden, mit dem sie nicht nur, aber auch kindliche Spiele spielen konnte.

Heine hatte noch einmal versucht, sich Mathilde zu entwinden und die Principessa Belgiojoso für sich zu gewinnen, war aber wieder gescheitert. Er schrieb ihr im Oktober 1836 einen letzten Brief, sagte Adieu, nachdem er ihr sein ganzes Unglück gestanden, vielleicht auf Mitleid gehofft hatte, aber vergeblich, und schloss den Brief mit den Worten: »Ich erspare Ihnen die Mühe, mir zu schreiben. Es genügt, daß Sie nicht vergessen.« Eine Liebesliaison in die mondäne Welt hinein war ihm nicht geglückt. Und so gab er sich dem Ladenmädchen hin, das kaum lesen und schreiben konnte und ihn quälte, aber eben auch wie im Traum von einer Pariser Grisette seine Leidenschaften befriedigte. Er liebte ihre einfache klare Schönheit, die sein zeitweiliger Freund Alexandre Weill, ein Elsässer in Paris, so beschrieb: »Ihre Gestalt war von der vollkommenen plastischen Schönheit. Sie war wie in Marmor gemeißelt.« Von seiner Vorliebe für marmorne Schönheit hatte Heine schon in seinen frühen Gedichten erzählt, wie in den Traumbildverssen aus dem Zyklus ›Junge Leiden‹. »Sie war wie Marmelstein so bleich/ Und heimlich wunderbar.« Nun hatte er eine solche Marmorbild-Schöne Tag und Nacht an seiner Seite. Sie war Wirklichkeit geworden.

> *Lebendig ward das Marmorbild,*
> *Der Stein begann zu ächzen –*
> *Sie trank meiner Küsse lodernde Glut*
> *Mit Dürsten und mit Lechzen.*

> *Sie trank mir fast den Odem aus –*
> *Und endlich wollustheischend*
> *Umschlang sie mich, meinen armen Leib*
> *Mit den Löwentatzen zerfleischend*

Aber die marmorschöne Erlöserin war auch erotische Anstrengung, und daher sehnte Heine sich bisweilen nach einer platonischen deutschen Liebe. Doch:

> *Entzückende Marter und wonniges Weh*
> *Der Schmerz wie die Lust unermesslich!*
> *Derweilen des Mundes Kuß mich beglückt,*
> *Verwunden die Tatzen mich grässlich.*

»Ein rundes volles Gesicht mit großen schwarzen Augen, reichlich wallendes Haar, schöne weiße Zähne in einem lachenden Mund, ausladende Hüften, der Typ einer Pariser Arbeiterin mit aristokratisch vornehmen Händen«, so schilderte hingegen Caroline Jaubert eine sanfte Mathilde. Die Frau eines bekannten Pariser Juristen und Schwester des berühmten Pariser Dandys, des Comte d'Alton Shee, umgab sich gern mit Künstlern und Politikern. Caroline Jaubert hatte den Dichter auf einem mondänen Ball kennen gelernt. Klein, schmal und blond war sie, so dass Heine sie »meine kleine blonde Fee« nennen wird, und sich besonders an ihren winzigen Füßen ergötzte. »Dieser Fuß kann nur einem dieser phantastischen Wesen gehören, aber ist es der Fuß einer Nixe? Ich denke, daß er geschmeidig ist wie die Welle, und daß er sehr wohl auf dem Wasser tanzen könnte... Er ist hinreichend klein, niedlich, zart und fein.« In ihren Erinnerungen wird Caroline Jaubert den ersten Augenblick mit Heine schildern, der da noch ein schlechtes Französisch gesprochen habe, sich aber in einer »pikanten« Art und Weise auszudrücken wusste. »Er hatte warmblondes Haar, war aufrechten Gangs, ein wenig steif, erschien jünger, als er war, und bedeutete mir lachend: ›Ich bin der erste Mann unseres Jahrhunderts‹. Er wollte unablässig unsere französische Wertschätzung für ihn als Dichter gleich Goethe und Byron einheimsen... Hatte er aber seinen Platz in einer Gesellschaft gefunden, so behauptete sich sein germanischer Charakter, der unablässig eine Attacke ritt. Dieser Wesenzug wurde oft mit dem Voltaires verglichen, doch die französische Leichtigkeit fehlte ihm. Er ließ seine Ironie voll dahinfließen und verfolgte selbst seine besten Freunde mit seiner grausamen Spöttelei.«

Trotz dieser nicht gerade liebenswerten Seiten des Dichters besuchte Caroline Jaubert im Gegensatz zu vielen anderen Damen der Pariser Gesellschaft Heine und seine Geliebte in deren Wohnung und blieb ihm auch in späteren schwierigen Jahren eine verlässliche Gefährtin. Heine wurde nämlich schon in den 30er Jahren gelegentlich von Lähmungserscheinungen in der Hand, häufigem Kopfschmerz und Augenleiden geplagt, wusste sich gesundheitlich anfällig. In Mathilde hatte er bei aller ihrer Flatterhaftigkeit eine hingebungsvolle Stütze im Leben gefunden, auch

wenn sie darauf bestand, sich weiterhin ohne ihn vor allem mit
ihrer Freundin Pauline im Pariser Straßen-, Caféhaus- und Ball-
hausleben zu amüsieren.

Zugleich versuchte Heine aus Mathilde eine Dame zu machen,
sie nach seinen Wünschen zu formen. Gegenüber Alexandre Weill
soll Heine geäußert haben, er bilde sich ein, Pygmalion zu sein,
der in einer Allmachtsfantasie ein Geschöpf seiner Hand schaffe:
»Ich hauchte ihr die Seele ein, ich gab ihr das Leben. Sie lebte nur
durch mich.« 1839 brachte er sie in ein Mädchenpensionat nach
Chaillot, wo sie nicht nur in der Hauswirtschaft ausgebildet wurde,
sondern auch Umgangsformen erlernen und eine Allgemeinbil-
dung erhalten sollte, was für ihn eine durchaus kostspielige Angelegenheit darstellte. Wenige Monate später konnte er einen ersten
Erfolg seiner Erziehungsmaßnahmen verbuchen, stellte fest, Mathilde sei richtig charmant geworden und zu ihrer Naivität geselle
sich nun das distinguierte Aussehen und die graziöse Haltung einer
Dame, was sich aber bald im Pariser Alltag alles wieder verflüchti-
gen sollte. Sie blieb ihm, und das liebte er vor allem an ihr, »Weib
und Kind zugleich«, wie er in dem Gedicht ›An die Engel‹ schreiben
wird.

Im August 1841 wird Heine schließlich Augustine Crescence
Mirat, seine Mathilde, vor dem Altar der Kirche Saint-Sulpice zu
seiner Frau machen. Der Komponist Giacomo Meyerbeer schreibt
ihm, als er von der Hochzeit erfährt: »Sie, der Sie mit Goethe, was
Ihr Genie betrifft, soviel Ähnlichkeit besitzen, ähneln ihm noch in
der Art und Weise sich zu verheiraten. Sie haben eine ganze Zeit
gehabt, sich das gut zu überlegen.« Wie Heine hatte auch Goethe
lange Jahre mit einem Mädchen aus dem Volk eine wilde Ehe geführt, bevor er sie heiratete. Beide aber ehelichten ihre Gefährtin-
nen erst, als sie in eine Notsituation gerieten, und wären wohl
lieber Junggesellen geblieben. Doch anders als für den wohlbe-
stallten Dichterminister Goethe stellte sich für Heine ständig die
Frage, wie sollte er als Poet auf Dauer den gemeinsamen Haus-
stand finanzieren, konnten doch er und Mathilde nicht allein von
der Liebe und von der Luft von Paris leben.

Hauptstadt des Exils

»Trotz aller Artikel in den Zeitungen und den Übersetzungen seiner Werke hat Heine sich noch keine stabile Situation in Paris verschaffen können«, meldete Eduard Beurmann im Jahr 1837, als er für einige Monate in Paris war und auch den deutschen Dichter aufsuchte. Er stand in Diensten der Metternich-Behörden und bespitzelte deutsche Exilanten. Über Heine fügte er in seinem Bericht an, dessen revolutionärer Elan habe sich augenscheinlich gemindert, und: »Heine würde gern zu günstigen Bedingungen nach Deutschland zurückkehren.« Wer in Deutsch denke und dichte, könne niemals ein französischer Schriftsteller werden, meinte der Spitzel.

In der Tat dachte Heine nun plötzlich daran, nach Deutschland zurückzukehren. Er sondierte auch das Terrain dafür und schrieb im Januar 1837 an Julius Campe: »Die wichtigsten Männer in Preußen interessieren sich in diesem Augenblick für meine Rückkehr ins Vaterland«, gab zwar vor, »woran ich freilich nicht denke«, aber, »welche Verwendung jedenfalls mich vor literarischer Scherei künftig schützt.« Damit meinte er die Zensur, denn seit zwei Jahren unterlagen seine Bücher einem Quasiverbot. Dabei bemerkte er in demselben Brief, dem er die Vorrede zum dritten Teil des ›Salon‹ beilegte: »Wenn Sie diese aufmerksam gelesen haben, begreifen Sie, welche Mühe es mir kostete, so delikate Gegenstände in einer Form zu schreiben, die alles Mißwollen der Regierungen entwaffnet«, und fügte hinzu: »In Östreich ist mir der Fürst Metternich geneigt und missbilligt die Unbill, die mir widerfahren. Ohne daß ich servil werde, gewinne ich das Zutrauen der Staatsmänner, die wohl einsehen, dass mein Revolutionsgeist sich nicht an die Tätigkeit der rohen Menge wendet, sondern an die Bekehrung der Höchstgestellten.« Heine hoffte als überzeugter Monarchist, die absolutistischen Regierungen würden sich – auch durch ihn – zu liberaleren Handlungsweisen bekehren lassen. Ganz täuschte er sich in Metternich nicht, denn der hielt Heine für einen großen Dichter, der sich zwar auf der untersten Stufe moralischer Integrität befinde, indes große intellektuelle Qualitäten besitze.

Auch gegenüber August Lewald bestätigte Heine: »Mit den deutschen Regierungen gestaltet sich mein Verhältnis täglich versöhnender und sogar in Preußen haben die höchstgestelltesten Staatsmänner, ja die einflussreichsten, sich zu meinen Gunsten ausgesprochen. In Österreich ist der Fürst Metternich mir ungemein hold, wie ich höre, und verwendet sich für mich.« Er hatte das womöglich von jenem Spitzel gehört, den er gar nicht als solchen erkannte und dem er sich anvertraut hatte: »Freilich, sie wissen, wie schlecht ich stehe mit den Jakobinern, und wie mein Streben kein politisch revolutionäres ist, sondern mehr ein philosophisches.«

Zwei Gründe mag es gegeben haben, dass sich Heine nach Deutschland zurücksehnte. »Ich höre nichts – und wenn ich die Augen aufmache, so sehe ich nur Franzosen, und wenn ich sie schließe, sehe ich wieder gar nichts«, schilderte er gegenüber Lewald nach sechs Jahren Paris sein Heimweh nach deutschen Lauten. Niemals würde er ein Franzose und ein französischer Dichter werden können, denn wie Beurmann schon bemerkt, nachdem Heine es ihm vielleicht anvertraut hatte, war es ihm unmöglich, in einer anderen Sprache als in Deutsch zu denken und zu dichten. Kein Laut einer deutschen Nachtigall sei seit langem an sein Ohr gedrungen, poetisierte er den äußeren Verlust der Muttersprache in einem Brief an den Literaturkritiker Philarète Chasles. Und gegenüber seinen deutschen Lesern bemerkte Heine: »Ihr habt vielleicht einen Begriff vom leiblichen Exil, jedoch vom geistigen Exil kann nur ein deutscher Dichter sich eine Vorstellung machen, der sich gezwungen sähe, den ganzen Tag französisch zu sprechen, zu schreiben, und sogar des nachts, am Herzen der Geliebten, französisch zu seufzen. Auch meine Gedanken sind exiliert, exiliert in einer fremden Sprache.«

Der zweite Grund war die ungewisse Zukunft, die ihn in Frankreich erwartete. Heine wusste nicht, wie er seinen Lebensunterhalt weiter bestreiten sollte, zumal er ja nun einen Zwei-Personen-Haushalt zu alimentieren hatte. Zudem, Mathilde war eine verschwendungssüchtige Person, worüber sich Heine nicht nur bei ihr selbst, sondern auch gegenüber Freunden und Bekannten häufig beklagte. Zwar unterstützte ihn sein Onkel Salomon seit der

Ankunft in Paris, doch die gelegentlichen Zahlungen reichten kaum aus, um den Lebensunterhalt in Paris zu bestreiten. Im Herbst 1838 erreichte der Dichter bei dem Onkel die feste Zusage, dass er ihm jährlich 4000 Francs zur Verfügung stellte. So besaß er ab da eine Grundlage für seine neue bürgerliche Existenz mit einer Frau an seiner Seite. Aber auch das reichte nicht aus. Und so bot der Dichter dem Verleger Julius Campe in Hamburg das Recht an, sein Werk künftig exklusiv herauszubringen und in einer Gesamtausgabe, erpresste ihn dabei fast, indem er das Angebot eines Stuttgarter Verlags andeutete und zugleich eine hohe Schuldenlast vorgab.

Schließlich willigte Campe ein und erwarb im April 1837 die Rechte an Heines Werken für zwanzigtausend Francs, die in Raten ausgezahlt werden sollten. Die Rente des Onkels und die Zahlungen Campes verbesserten die Lage deutlich, und so brach er einen Monat später erst einmal mit Mathilde zu einem Ferienaufenthalt an die normannische Küste auf, verlebte mit ihr mehrere Wochen am Meer in Granville, wie es der wohlhabende Pariser Bürger sommers üblicherweise tat. An Lewald musste er jedoch aus dem mondänen Badeort schreiben: »Aber diese Begleitung hat soviel Beschwerliches wegen der Wildheit der teuren Person, wodurch ich mich beständig ängstige.« Von Granville fuhr er allein weiter bis nach Rennes in das Innere der Bretagne, die ihn in ihrer Ödnis enttäuschte, und kehrte dann ans Meer zurück, nach Le Havre-de-Grace, um eine Badekur zu machen. Da geriet er in eine mentale und gesundheitliche Krise. Seinem Bruder Maximilian vertraute er an, dass er, wenn er sich im Spiegel betrachte, erschrecke, weil er aufgehört habe, hübsch zu sein. Er litt an heftiger Migräne und stellte grämlich fest, dass ihm auch die fünfzehn Bäder nicht bekommen seien, aber er wäre ja auch älter geworden. Weiter schrieb er an den Bruder: »Bei dem gehetzten Leben, das ich führe, bei den geistigen und leiblichen Anstrengungen der letzten Jahre, hat sich gewiß die Avantgarde der Dekrepitüde schon eingestellt.« Aufgrund dieser »Abgelebtheit« resümierte der Mann von vierzig Jahren, der erstmals auch von einem möglichen frühen Tod sprach: »Die Jugend ist dahin, und nach großen Feldzügen hat man das Recht, müde zu sein.«

Als Heine Anfang September nach Paris zurückkehrte, verbesserte sich seine Stimmung wieder. Ab 1840 konnte er auch seine finanzielle Situation noch weiter absichern, weil er vom französischen Staat eine jährliche Pension von 4800 Francs erhielt, eine bedeutende Summe, die ihm zusammen mit den anderen Zahlungen eine gesicherte, gar eine gutbürgerliche, fast wohlhabende Existenz ermöglichte. Doch warum setzte der französische Staat einem deutschen Dichter eine Rente aus?

»Ich hoffe, Sie haben nicht vergessen, Herrn Thiers zu sagen, daß ich ihn bewundere und daß ich ihn mehr als je liebe. Ich liebe ihn aufrichtig«, schrieb Heine 1840 an den Historiker François Mignet über den Premierminister Adolphe Thiers und fügte hinzu: »Die Geschichte wird immer gut von Herrn Thiers sprechen.« Noch in seiner späten Schrift ›Lutetia‹ wird er ihn über alle anderen Politiker der Julimonarchie stellen, ihn einen Mann von »großer Einsicht und Humanität« nennen. Thiers war es, der ihm im Jahr 1840, als er zum zweiten Mal Ministerpräsident war, die Staatspension aussetzte. Heine war in jenen Jahren dem Staat und seinen Politikern überaus nahe, er war persönlich mit Thiers bekannt und dinierte gelegentlich auch mit anderen Ministern. Schon vor seiner Abkehr von Deutschland hatte Heine dort ja ebenfalls versucht, eine Stellung im Staat zu bekleiden, vergeblich. Jetzt ehrte ihn der französische Staat als Dichter, als Exilanten. Oder doch anders?

In der Liste der Personen, die auch als Ausländer eine Staatspension erhielten, wurde Heine nicht als Dichter, sondern zuerst als Publizist und später konkret als Korrespondent der ›Augsburger Allgemeinen Zeitung‹ geführt, eine Tätigkeit, die er gerade wieder aufgenommen hatte. Wollte Thiers ihn mit der Pension seiner Regierung wohlgesonnen machen, wollte er den Publizisten Heine bestechen und ließ dieser es zu? Heine hielt auch später die Jahre der Julimonarchie für eine besonders glückliche Zeit Frankreichs und wird noch 1855 an Thiers zu seinem Buch ›Lutetia‹ schreiben: »Ich wollte mit dieser Veröffentlichung die glänzenden Tage jener parlamentarischen Periode heraufbeschwören, die in der Geschichte nur durch drei große Namen, durch Louis Philippe, Thiers und Guizot repräsentiert wird.« Er schmeichelte

Thiers weiter und trug damit vielleicht auch eine Dankesschuld ihm gegenüber ab: »Ja, es sind nur diese drei Namen, die die kleinen Jungen in Zukunft in der Schule werden auswendig lernen müssen.« Heine entschuldigt sich auch für einige kritische Anmerkungen gegenüber den Regierungen jener Zeit: »Wenn ich Sie sogar bisweilen als Minister ausgescholten habe, so habe ich nie versäumt, Ihnen als Mensch von Gaben und Genie Gerechtigkeit widerfahren zu lassen und Sie gegen das Gewühl meiner Landsleute zu verteidigen, die damals so viele dumme Schmähschriften und Verleumdungen gegen Sie ausspien.« Auch nachdem Adolphe Thiers von François Guizot als Ministerpräsident abgelöst worden war, gewährte der ihm die Staatspension weiter, bis die Revolution von 1848 dem ein Ende setzte und bekannt wurde, dass Heine eine Pension vom Staat erhalten hatte. Daraufhin musste er sich gegen vehemente Angriffe der Republikaner verteidigen, die ihm vorwarfen, ein gekaufter Verräter gewesen zu sein.

Gewiss suchte Heine einen persönlichen materiellen Vorteil, denn er liebte das gute, aber teure leben in Paris, aber er fühlte sich auch geschmeichelt durch das Wohlwollen der Staatsmänner. Bei allem oft harschen provokativ-oppositionellen Verhalten hatte er auch eine opportunistische Seite. Dennoch war er im Grunde davon überzeugt, dass die konstitutionelle bürgerliche Monarchie die beste aller möglichen Staatsformen sei und er da-für belohnt werden könne, wenn er ihr als sozusagen »geliehener Bürger« diente. »Diese Pension, die mir so viele gemeine Vorwürfe meiner überrheinischen Freunde eingebracht hatte, gebührte mir hier in Frankreich wohl«, wird er im Juni 1848 seinem Freund Eduard de Lagrange schreiben, nachdem der Dichter-Minister Alphonse de Lamartine die Pension gestrichen hatte.

Die »Überrheinischen«, wie Heine die Deutschen von Paris nannte, stellten unter den Exilanten das größte Kontingent. Ende der 1840er Jahre kam auf zwanzig Bewohner der Stadt ein Deutscher. Ihre Zahl betrug knapp sechzigtausend: Künstler, Schriftsteller, Publizisten, aber noch mehr Handwerker wie Drucker, Schneider oder Schuster. Viele Arbeitslose aus entlegenen Winkeln Deutschlands suchten und fanden Arbeit in Paris, so zahlreiche Nordhessen, die die Straßen und Plätze der Stadt kehrten. Die Säuberung der Hauptstadt Europas war fest in der Hand von hessischen Gastarbeitern. An den Sonntagen trafen sie sich in den Gastwirtschaften am Rande der Stadt und zogen abends mehr oder weniger angetrunken und deutsche Lieder singend nach Hause. Das befremdete die Pariser.

Was zog die Exilanten aus ganz Europa und vor allem aus Deutschland an? Neben der allgemein verbreiteten Paris-Sehnsucht führte der Aufschwung der Manufakturen und der kleinen Industriebetriebe seit den 30er Jahren – in acht Jahren hatte sich die Anzahl der Dampfmaschinen verdoppelt – zu einer Prosperität, die immer mehr Dienstleistungen einforderte und vielen Handwerkern und Arbeitern aus französischen und deutschen Provinzen Brot und Arbeit gab. Der Reichtum der Stadt hatte sich innerhalb von fünfundzwanzig Jahren verdoppelt. Zugleich war die Kluft zwischen Armen und Reichen immer größer geworden, Nährboden für die Revolution von 1848, zumal die Geldbourgeoisie ihren Reichtum auch völlig ungeniert zur Schau stellte. Zum dritten war es die freiere Luft, die so manch ein Deutscher einatmen wollte, wie ja auch Heine. Das führte indes auch dazu, dass unter den Deutschen besonders viele republikanischer, ja jakobinischer Gesinnung waren, wie Heine oft bedauernd feststellte. Er hielt sich von den Exilanten möglichst fern, mied vor allem ihre Vereinigungen und Versammlungen.

Schon kurz nach seiner Ankunft hatte sich der Dichter gegen die »Manöver der hiesigen deutschen Jakobiner« zur Wehr setzen müssen, da diese ihn »als Lockvogel«, so Heine, für sich gewinnen wollten. »Ich bin nicht der Mann, der sich zwingen lässt, und sie bewirken nur, daß ich, aus Degout vor der jakobinischen Unredlichkeit, noch gemäßigter als jemals werde«, schrieb er schon Anfang 1832 an Cotta, schlug vor, die Jakobiner sollten sich einen anderen Narren suchen, und erzählte weiter von »den Unbequemlichkeiten meiner hiesigen Stellung unter den Patrioten«. Auch Ludwig Börne habe »einige jakobinische Ränke« gegen ihn losgelassen, meldete Heine an Varnhagen und folgerte: »Ich betrachte ihn als einen Verrückten.« Diesem »Verrückten« widmete er einige Jahre später, als Börne schon zwei Jahre tot war und unter der Erde des Friedhofs Père Lachaise lag, eine Streitschrift: ›Ludwig Börne‹.

Die beiden dichtenden Publizisten waren Konkurrenten um die Gunst des liberalen Lesepublikums in Deutschland geworden, beäugten einander, und Heine litt darunter, dass der andere der erfolgreichere Publizist war. Börne hatte sich schon wenige Wochen nach der Julirevolution in Paris angesiedelt, wohingegen Heine noch ein knappes Jahr gezögert hatte, in dem Börne bereits seine ersten ›Briefe aus Paris‹ verfasste, die in lockerer Folge erscheinen sollten. Vom »heiligen Pflaster von Paris« spricht Börne in einem der ersten Briefe und von der »deutschen Engbrüstigkeit«, die ihn dort sofort verlassen habe. Er erzählt, dass ihm »wie Knaben zumute ist, wenn an schönen Sommerabenden die Schule geendigt und sie springen und spielen dürfen«.

Heine war gerade einmal drei Monate in Paris, da trafen beide aufeinander. »Heine gefällt mir nicht«, berichtete Börne nach Frankfurt an Jeanette Wohl. Der hatte ihn in seiner Wohnung in der Rue de Provence aufgesucht. »Sollten Sie wohl glauben, daß, als ich einen Viertelstunde mit ihm gesprochen, eine Stimme in meinem Herzen mir zuflüsterte: Er hat keine Seele . . . Es ist etwas unsichtbares, das hinter dem Sichtbaren anfängt, hinter dem Herzen, hinter dem Geist, hinter der Schönheit.« Diese »Schönheit« Heines ärgerte Börne offensichtlich, sprach er doch davon, wie der selbst seine »Melancholie affektiere«, wie »grenzenlos eitel« er sei, und »dass er ein hübscher Mensch ist und eines von den Gesichtern hat, wie sie den Weibern gefallen«. Aber nicht nur davon berichtete Börne, sondern vor allem über ihren politischen Dissens, der auf Heines Prinzipienlosigkeit und Käuflichkeit beruhe: »Es ist ihm nichts heilig, an der Wahrheit liebt er nur das Schöne, er hat keinen Glauben. Er sagt mir offen, er wäre vom Juste Milieu«, verträte also die herrschende französische Politik und Gesellschaftsordnung, ja, »dass er sich seine Gesinnungen abkaufen lässt, ist wahrhaft schmerzlich«. Börne kolportierte: »Ein Deutscher erzählte mir, Heine habe ihm gesagt: Metternich könnte mich nur auf eine Art erkaufen: wenn er mir alle Mädchen von Paris gäbe«, und schloss daraus: »Er hat eine Art von Lüderlichkeit, die mir nie, weder in Büchern noch im Leben vorgekommen ist.«

Hier kämpfen zwei Männer um die Vorherrschaft auf demselben Terrain einer politischen Publizistik, die berichten will von den französischen Zuständen in der Stadt der Revolution, und sie scheuen dabei beide keine persönlichen Verleumdungen und Niedrigkeiten. Heine bange darum, »in meiner Nähe nicht genug zu glänzen«, meinte Börne, und »er fürchtet meine Konkurrenz«. Er freute sich dann im Februar 1832: »Meine Briefe aus Paris haben ihn zugrunde gerichtet.« Da entgegnete Heine ihnen schon mit seinen Artikeln in der ›Augsburger Allgemeine‹ über »Französische Zustände« und stellte fest: »Schufte wie Börne und Konsorten habe ich dadurch unschädlich gemacht.« Börne dagegen meinte: »Ich vermute zwar, dass Heine ein Schuft ist, aber ich kann ihm keine schlechte Handlung nachweisen.« Ein wahrer Hahnenkampf unter deutschen Exilanten von Paris.

Zunächst fand er vor allem unter Ausschluss der Öffentlichkeit statt, und nur in privaten Briefen. Im ›Elften Brief aus Paris‹ jedoch griff Börne Heine auch öffentlich vehement an wegen seiner ›Französische Zustände‹, für die dieser vom Staat Geld bekommen haben müsse: »Wie kann man je dem glauben, der selbst nichts glaubt?« fragte er und ironisierte: »Der arme Heine hat zwei Rücken, er fürchtet die Schläge der Aristokraten und die Schläge der Demokraten, und um beiden auszuweichen, muss er zugleich vorwärts und rückwärts gehen.« Er schilderte die chamäleonhafte Natur weiter: »Er hält sich für wichtig, sieht umher, wem er gefalle, wem nicht, träumt von Freunden und von Feinden, und weil er nicht weiß, wo er geht und wohin er will, weiß er weder, wo seine Freunde noch wo seine Feinde stehen, sucht sie bald hier, bald dort und weiß sie weder hier noch dort zu finden.«

Gewiss, Börnes Schilderung traf Heines Wankelmut genau, kennzeichnete auch treffend einige seiner Charakterzüge, doch benutzte er diese Argumente, um ihn politisch anzugreifen und bloßzustellen in der deutschen liberaldemokratischen Öffentlichkeit, die dann auch für Börne und gegen Heine Partei ergreifen wird, so dass Verleger Campe Heine melden musste: »Für Sie ist kein Advocat aufgestanden, alle stehen auf Börnes Seite.« In der Tat waren Verteidiger Heines gegen Börne die Ausnahme, so der Weltenbummler Hermann Fürst Pückler, der Heine verehrte, ihn sogar als Vorbild für seine eigene Schrift ›Briefe eines Verstorbenen‹ nahm, Börne hingegen verachtete. Als Börne im Mai 1832 am Hambacher Fest teilnahm, auf dem Freiheit, Bürgerrechte und nationale Einheit gefordert wurden, wurde er begeistert gefeiert: »Ich werde als ein Napoleon angesehen. Schon früh zog mir auf den Straßen alles nach mit dem Geschrei: Es lebe Börne, es lebe der deutsche Börne! Der Verfasser der Briefe aus Paris«, berichtete er stolz seiner Freundin Jeanette Wohl. Obwohl er in Paris lebte, blieb Börne ein Wortführer der Deutschen und mischte sich ein in die politische Agitation. Heine hielt er vor: »Ein schwacher Charakter wie Heine muss in Paris völlig ausarten ... Im Dienste der Wahrheit genügt es nicht, Geist zu zeigen, man muß auch Mut zeigen.«

Zweifelsohne, Heine und Börne waren menschlich völlig verschieden, ihre politischen Anschauungen waren unvereinbar. Börne, der seine Lebensfreundin Jeanette Wohl dem Frankfurter Kaufmann Salomon Strauss überlassen musste, neidete Heine, »daß er viel länger jung geblieben ist als ich«, neidete ihm den Erfolg bei den Frauen, kreidete ihm an, dass er »den Weibern gefalle«, verachtete seine »Liederlichkeit«, und stellte fest: »Schade ist es um Heine, daß seine schönste dichterische Begeisterung ihm aus dem Tranke sinnlicher Liebe kommt.« Heine hingegen hielt Börne insgeheim für einen Spießer, obwohl er sich selbst auch nicht von kleinkarierten Ansichten frei zeigte, wenn er etwa über den Modetanz des Pariser Lebens, den Cancan, schrieb: »Es will mich manchmal bedünken, als tanze man ... eine Verhöhnung all dessen, was als das Edelste und Heiligste im Leben gilt ... Tänze, welche eine getanzte Persiflage, nicht bloß die geschlechtlichen Beziehungen verspotten, sondern auch alles was gut und schön ist, sondern auch jede Art von Begeisterung, die Vaterlandsliebe, die Treue, den Glauben, die Familiengefühle, den Heroismus, die Gottheit.«

Heine wollte eigentlich nur Dichter sein, war aber immer wieder, was er beklagte, in die politische Alltagswelt geworfen, meinte, sich äußern zu müssen, obgleich er sich, wie er Laube mitteilte, wenn immer auch mit einem Schuss Koketterie, »aus dem Zeitgezänke« gern fern hielte. Börne war von Anfang an Publizist, litt aber auch darunter, dass er kein Dichter war. Heine meinte, die Gleichmacherei der Republik werde den Dichter abschaffen, Börne wollte den Dichter für die Zwecke der Revolution einspannen. Auch noch nach Börnes Tod sieht Heine sich gezwungen, eingreifen zu müssen. Er schreibt: »Dieser ehrliche Mann ist dennoch mit Verleumdungen über mich ins Grab gegangen. Es ist sehr wahrscheinlich, dass ich mein Stillschweigen über ihn breche.« Er bricht es und beginnt mit der Denkschrift: ›Ludwig Börne‹.

Heine sieht sie als Teil seiner Memoiren an, nutzt dafür den Kontrahenten als Katalysator. Er erzählt von den ersten Begegnungen mit ihm, von seinem eigenen Aufenthalt auf Helgoland, fährt im dritten Teil autobiografisch fort mit seiner Ankunft in Paris, erzählt vom dortigen Wiedersehen mit Börne, stellt fest: »Ich kann den Tabakqualm nicht vertragen und ich merkte, daß in einer deutschen Revolution die Rolle eines Großsprechers in der Weise Börnes & Konsorten nicht für mich passte.« Im vierten Buch berichtet er von Börnes Hinwendung zur Religion in den letzten Lebensjahren, ohne zu ahnen, dass er sie selbst schließlich auch vollziehen wird. Er glaubt wohl über den Toten gesiegt zu haben und schließt im fünften Buch versöhnlich: »Am glücklichsten sind wohl die Toten, die im Grabe liegen, auf dem Père Lachaise, wie du, armer Börne.«

Henri Heine, der Franzose?

Henri Heine hatte eine französische Frau, er hatte französische Freunde, die meisten verlor er im Lauf der Jahre, seine Frau jedoch nicht. Vier Jahre vor der Heirat hatte er noch an August Lewald geschrieben: »Wir leben so halb und halb glücklich; diese Verbindung wird aber ein trübes Ende nehmen.« In der Tat kam es immer wieder zum Streit, oft wegen beider Eifersucht. Er raste vor Eifersucht, wenn sie mit ihrer Freundin Pauline tanzen ging, und kam sie dann nach Hause zurück, soll er sie, wie Alexandre Weill berichtete, häufig geschlagen haben: »Heine pflegte seine Frau zu prügeln wie der erst beste Droschkenkutscher.« Obwohl sie stärker war als er, ließ sie es sich gefallen, schlug aber gelegentlich auch heftig zurück. »Ich wollte lieber du schlügest mich/ Wie du mich oft geschlagen«, dichtete er, besang aber auch »die unverwüstliche Liebe« nach Zank und Schlägen und stellte verwundert fest: »Sonderbar, die glückliche Liebe schreibt gar keine Verse.«

Überraschte Mathilde ihn mit einer Grisette in einer Theaterloge oder in einem Cafe der Boulevards, so hegte sie einige Tage lang Groll gegen ihn, versüßte den aber bald mit Versöhnung. Immer wieder soll Heine sich in Affären gestürzt haben, mit einer Schauspielerin, häufig mit verheirateten Frauen, mit den Grisetten von Paris. Er suchte weiter das Bordell auf, später auch gemeinsam mit Ferdinand Lassalle, als dieser 1845 in Paris weilte. So ein Besuch gehörte zunehmend zum Alltag des männlichen Bürgers von Paris, der nach der Börse, vor dem Souper oder dem Theaterbesuch dorthin einen Abstecher machte. Ein Mann, der etwas auf sich hielt, hielt sich eine Maitresse. Die käufliche Liebe wurde in diesen Jahren, da das Geld Allmacht erhielt, zu einem Gütesiegel des Erfolgsmenschen. Man konkurrierte gar um die begehrtesten Kurtisanen von Paris, bot hohe Ablösesummen an oder versuchte mit Intrigen, sie sich gegenseitig abspenstig zu machen, wie nicht nur das Beispiel der Kurtisane Esther zeigt, von der Balzac in seinem 1838 erschienenen Roman ›Glanz und Elend der Kurtisanen‹ erzählt. Er schildert darin, wie der reichste Bankier der Stadt, der Baron de Nucingen, mit Intrigen und Millionen von Francs versucht, diese Esther zu gewinnen. Das Bordell war zur selbstverständlichen Institution der neuen bürgerlichen Gesellschaft geworden, in der es um Spiel, Geld, Warentausch und Ansehen ging, eine Institution, die auch ein Revolutionär wie Lassalle nicht verachtete.

Seine eigenen Liebesversuchungen und Versuche hatte Heine auch in Verse gebracht und wollte sie als zweiten Band des ›Buchs der Lieder‹ veröffentlichen. Der in Frankfurt lebende einflussreiche Publizist und Schriftsteller Karl Gutzkow warnte ihn aber davor, sie dem deutschen Lesepublikum zuzumuten, seien sie doch gekennzeichnet durch »das Gefühl von Übersättigung und aufgestachelter sinnlicher Trägheit«. Darauf antwortete Heine ihm im August 1838 aus Granville, wo er erneut den Sommer am Meer verbrachte, diese »anstößigen Gedichte« seien auch »kein Futter für die rohe Menge. Nur vornehme Geister«, natürlich solche wie er selbst, »denen die künstlerische Behandlung eines frevelhaften oder allzu natürlichen Stoffes ein geistreiches Vergnügen gewährt, können an jenen Gedichten Gefallen finden.« Er verwies auf das ›Satyricon‹ des Petronius und auf Goethes ›Römische Elegien‹ als ein Vorbild für seine Erotica. Mit dem Stolz des Wahlfranzosen fügte er hinzu: »Ein eigentliches Urteil können nur wenige Deutsche über diese Gedichte aussprechen, da ihnen der Stoff selbst, die abnormen Amouren in einem Welttollhaus, wie Paris ist, unbekannt sind.« Zwar nannte er selbst moralisierend die Pariser Liebschaften abnorm, beteuerte aber als Weltbürger: »Nicht die Moralbedürfnisse irgendeines verheirateten Bürgers in einem Winkel Deutschlands, sondern die Autonomie der Kunst kommt hier in Frage«, rechtfertigte damit die »Anstößigkeit« und gelangte zu dem Fazit: »Mein Wahlspruch bleibt: Kunst ist der Zweck der Kunst, wie Liebe der Zweck der Liebe und gar das Leben selbst der Zweck des Lebens ist.« Mit diesem Motto lebt Heine die Liebe und das Leben, liebt und lebt also, wird sein Leben indes in einem Duell riskieren.

Dieses Duell war die Folge seiner Auseinandersetzung mit Börne und der Denkschrift. Campe hatte ihm zu Bedenken gegeben: »Das brennt und schreit und wird eine fatale Nachwirkung haben.« So war es. Heine hatte darin nämlich auch Börnes Lebensfreundin Jeanette Wohl in seiner schonungslosen Art und Weise beleidigt und ihren Ehemann Salomon Strauss gleich mit. »Ihr pockennarbiges Gesicht« gleiche »einem Matzekuchen« und das Dreierverhältnis zwischen ihr, Börne und dem Ehemann sei nicht ein rein platonisches gewesen, behauptete er und nannte den Ehemann einen »gehörnten Esel«. Der aber lauerte Heine daraufhin am Ausgang einer Pariser Passage auf, und da, wo die Rue Saint-Marc auf die Rue de Richelieu trifft, soll er ihn geohrfeigt haben. Die deutsche Klatschpresse der Zeit nahm diesen Vorfall dankbar auf, und da Heine vorhatte, in die Pyrenäen zu einem Kuraufenthalt zu fahren, behauptete sie, er sei nach der Ohrfeige in die Berge geflüchtet. Aus Cauterets in den Hautes Pyrenées sandte Heine seine Version des Vorfalls an den Redakteur der ›Augsburger Allgemeinen‹ Gustav Kolb: »Ich, ich bin wahrlich nicht das Lamm, das sich auf der Straße, mitten in Paris, ruhig insultieren ließe, und das Individuum, das sich dessen rühmte, ist gewiß von allen Löwen der letzte, der dies wagen dürfte«, und meinte damit Strauss. »Das ganze Begegnis reduziert sich auf einige hingestotterte Worte. Womit jenes Individuum krampfhaft zitternd sich mir nahte, und denen ich lachend ein Ende machte.« Dem fügte er noch hinzu, dass Strauss die ganze Geschichte mithilfe seiner »erfindungsreichen Penelope« Jeanette Wohl aufgebauscht und an die Zeitungen verkauft habe: »Ich habe es hier mit der Blüte des Frankfurter Ghettos und einem rachsüchtigen Weibe zu tun; Leuten, denen kein Mittel zu schmutzig ist und denen alle Kloaken der anonymen Tagespresse für Geld und Worte zu Gebote stehen.«

Zurück in Paris forderte Heine Strauss per Brief zum Duell. »Im Fall Sie sich nicht auf Pistolen mit mir schlagen wollen, erkläre ich Sie nicht bloß für einen elenden Lügner, sondern auch für eine feige Memme.« Der aber wollte schließlich und verpasste dem Dichter einen Streifschuss an der Hüfte. Kurz zuvor hatte dieser noch geheiratet. Er wollte seine Lebensgefährtin nach dem gut möglichen Tod im Duell versorgt wissen, und so wurde er Ehemann, obwohl er gern Junggeselle geblieben wäre. Die kirchliche Trauung fand in der Kirche St. Sulpice am linken Seine-Ufer statt. In den ›Geständnissen‹ wird er, der zum Protestantismus konvertierte Jude, der Atheist zu sein glaubte, sich später dafür rechtfertigen, in einer katholischen, ja, einer ehemaligen Jesuitenkirche geheiratet zu haben: »Dieser Akt war keine gehässige Abjuration, sondern eine sehr unschuldige Konjugation; ich ließ nämlich dort meine Ehe mit meiner Gattin nach der Ziviltrauung auch kirchlich einsegnen, weil meine Gattin, von erzkatholischer Familie, ohne solche Zeremonie sich nicht gottgefällig genug verheiratet geglaubt hätte. Ich wollte um keinen Preis bei diesem teuren Wesen in den Anschauungen der angebornen Religion eine Störnis verursachen.« Sofort gab er seinem Verleger Campe Rapport: »Heute melde ich Ihnen meine Vermählung mit dem schönen und reinen Wesen, das bereits seit Jahren unter dem Namen Mathilde Heine an meiner Seite weilte, immer als meine Gattin geehrt und betrachtet ward und nur von einigen klatschsüchtigen Deutschen aus der Frankfurter Clique mit schnöden Epitheten eklaboussiert wurde.«

Und er verband Hochzeit und Duell auch ihm gegenüber miteinander: »Diese Ehrenrettung durch gesetzliche und kirchliche Autorität betrieb ich gleichzeitig mit der Angelegenheit meiner eigenen Ehre«, nannte seinen Kontrahenten Strauss Lump und

Hundsfott. »Diesen will ich auf's Terrain haben, obgleich er alle
möglichen Ausflüchte sucht ... Aber das ist nur eine Galgenfrist,
er muß mir aufs Terrain, und müßte ich ihn dahin schleppen bis
an die chinesische Mauer.« Als Sekundanten in diesem Pistolen-
duell zweier deutscher Wahlpariser sollten auf Heines Seite zuerst
Théophile Gautier und Alphonse Royer antreten. Beide französischen Schriftsteller waren um einiges jünger als Heine und emp-
fanden diese Art von Ehrenrettung im Zeitalter bürgerlicher Gesit-
tung als Relikt vergangener Zeiten. Schließlich sekundierten ihm
der französische Schriftsteller Tessier Dumotay und der deutsche
Journalist Heinrich Seuffert, auch ein zwiefaches Sinnbild für Heines Stellung zwischen zwei Professionen und zwischen Heimat
und Wahlheimat.

Statt der chinesischen Mauer war es der Wald bei St. Germain
vor den Toren von Paris gewesen, wo am 8. September 1841 das
Los bestimmte, dass Salomon Strauss als erster zu schießen hatte.
Im Angesicht des Todes sei ihm sein ganzer Paganismus, seine
Gottesverachtung also, in den Sinn gekommen, sollte Heine Caroline Jaubert nach dem Duell erzählen, denn der Himmel war blau,
so blau, und Gott habe zweifelsohne doch nicht gewollt, dass ihn
eine Kugel erwische in dem Moment, wo er die schönsten Dinge
im Kopf gehabt habe. »Seine Kugel streifte meine Hüfte, die in
diesem Augenblick noch sehr angeschwollen und kohlraben-
schwarz ... Ganz glücklich ist die Sache also nicht für mich abgelaufen – in physischer Beziehung, nicht in moralischer«, meldete
der frischgebackene und noch lebende Ehemann an Campe. Er
hatte Satisfaktion gefunden, zudem eine neue Wohnung bezogen
und seine »wilde Ehe in eine zahme« verwandelt. Zu dieser meinte
er aber ironisch gegenüber Lewald: »Dieses eheliche Duell, welches nicht eher aufhören wird, bis einer von uns beiden getötet, ist
gewiß gefährlicher als der kurze Holmgang mit Salomon Strauss
aus der Frankfurter Judengasse.«

Die neue Adresse lautete Rue de Faubourg Poissonière 46, es ist
eine Straße, die vom nahen Boulevard nach Montmartre hochführt.
»Ich wohne sehr hübsch und es sieht sehr gut bei mir aus; man
möchte kaum glauben, bei einem deutschen Dichter zu sein.« War
Heine denn überhaupt noch Dichter, und ein deutscher Dichter?

Oder war er ein Wahlfranzose, der, wenn er es noch tat, in Deutsch dichtete, weil er in der fremden Sprache nicht dichten konnte? Er verstand sich als Kosmopolit, wollte aber wie ein Franzose sein. Er litt an den deutschen Zuständen und wollte sich als Publizist aus der Ferne einmischen. Drei Jahre vor dem Duell hatte der Publizist und Gelegenheitsdichter Heine versucht, eine deutsche Zeitung in Paris zu begründen, ein Jahr danach stellte er den Antrag auf Heimatrecht in Frankreich. Das Projekt der Zeitung war gescheitert, der Antrag, Franzose zu werden, auch. Börne hatte Heine schon 1832 für die Gründung einer deutschsprachigen Zeitung in Paris zu gewinnen versucht. Der aber hatte abgelehnt, auch weil er nicht unter Börne dafür arbeiten wollte.

»Ich muß coûte que coûte hier ein deutsches Organ für mich stiften«, meinte Heine in einem Brief an Giacomo Meyerbeer 1838 und betonte ausdrücklich das »für mich«. »Die Notwendigkeit verlangt es ... Die Geldmittel stehen mir zur Gebot, ebenso wie die geistigen.«

Paris war die Stadt der Presse. Gab es 1830 etwa 60 000 Abonennten von Tageszeitungen, so waren es 15 Jahre später schon über 200 000. ›La Presse‹, das Blatt des Pariser Presse-Zaren Emile Girardin, verdoppelte immerhalb von sieben Jahren seine Auflage. 26 Tageszeitungen erschienen Mitte der 40er Jahre in der Hauptstadt. Vom kolossalen Aufschwung des Pressewesens profitierten auch die Schriftsteller von Paris, konnten sie die Spalten der Journale mit ihren Berichten und dem Vorabdruck von Romanen füllen und schufen sich damit einen kleinen Reichtum. Manche trieb es aber wie Heine jetzt auch weiter, wollten sie doch von dem Boom und den enormen Renditemöglichkeiten profitieren. Entweder kauften sie ein Objekt ihrer Begierde auf oder gründeten selbst ein Journal. George Sand gründete die ›Revue Independante‹ und Honoré de Balzac hatte ›La Chronique de Paris‹ aufgekauft, deren erste Nummer unter seiner Leitung im Januar 1836 erschien. Er selbst als Unternehmer war zugleich Chefredakteur, hatte mit Théophile Gautier einen weiteren Schriftsteller in die Redaktion geholt, und da das Blatt monarchistisch und aristokratisch sein sollte, noch zwei junge Marquis, die ihm den Dandy vorspielten. Balzac hoffte mit der ›Chronique‹ nicht nur viel Geld zu machen, er träumte davon, Einfluss auszuüben und mithilfe des Journals in die Politik einzusteigen, um dann Deputé und schließlich Minister zu werden. Die erste Nummer der ›Chronique de Paris‹ war fast ausschließlich von ihm selbst geschrieben, Erzählungen und Essays. Tag und Nacht verbrachte er in der Redaktion, das Journal war seine Herzensangelegenheit. Nur machte der geniale Schuldenmacher Balzac auch damit nur Schulden und verlor verhältnismäßig rasch das Interesse an der eigenen Zeitung. Sie ging bankrott.

Heine hingegen war vom Erfolg seines Zeitungsprojekts überzeugt. Mit all der Umtriebigkeit, die ihm zuweilen eigen war, hatte er Finanziers für die Zeitung gefunden und auch Inserenten, die mit Werbung, die sie für ein ganzes Jahr im Voraus darin platzieren wollten, dem Blatt ein sicheres Fundament gaben. Werbung war seit kurzem ein neues Mittel geworden, um den Zeitungsmarkt anzukurbeln. Heine hatte das sofort begriffen und schrieb über sich: »Seit zehn Jahren studiere ich den Organismus der Presse in allen Ländern, und ich darf behaupten, niemand ist ihren Geheimnissen tiefer auf die Spur gekommen als ich«. An Lewald führte er zu seinem Projekt weiter aus: »Die ›Pariser Zeitung‹ wird in Paris geschrieben, in Paris redigiert, in Paris ist ihr Redaktionszimmer, und auf der deutschen Grenze ist eine Presse, wo sie gedruckt wird und von wo aus sie expediert wird.« Zwar nannte Heine im Hinblick auf das Projekt Paris den »Stapelplatz aller politischen Faits und Raisonnements«, doch sollte die Zeitung weniger ein Organ für die in Paris lebenden Deutschen sein als vielmehr in Deutschland wirken, da er als Wahlfranzose es immer noch nicht aufgegeben hatte, sich dort einzumischen. Aber sie sollte vor allem einen weiteren Zweck erfüllen. Für sich selbst sah er darin eine Möglichkeit, seine finanziellen Probleme ein für alle Mal zu regeln, ja als Verleger reich zu werden. August Lewald teilte er mit, »dass ich einesteils viel Geld gewinnen will, um meine Kriege zu führen, anderesteils, dass ich in diesem Krieg eine formidable Bastion aufzurichten gedenke, von wo aus ich meine Kanonen am besten spielen lassen kann.«

»L'Affaire est tombée dans l'eau«, musste Heine allerdings bald gegenüber Meyerbeer eingestehen, und enttäuscht flocht er ein: »Denken Sie sich meinen Ärger... Die Zeitung hat von Berlin aus

ein tödlicher Schlag getroffen.« Heine hatte zwar diplomatische
Kanäle bemüht. Er behauptete, er hätte den preußischen Minister
Wilhelm Freiherr von Werther um Vermittlung gebeten, die Zeitung in Deutschland zuzulassen: »Mit den Regierungen habe ich
Frieden gemacht (die Hand, die man nicht abhauen kann, muß
man küssen).« Zudem bot er völlige Unparteilichkeit in der Berichterstattung an. Alles vergeblich. Die Zeitung erhielt die Zulas-
sung aus Berlin nicht. Heine nannte das gegenüber Julius Campe
»willkürliche preußische Launen« und beerdigte das Projekt, das
ihn zum Nachteil der Dichtung einen ganzen Winter lang viele
Mühen gekostet hatte. Er nannte es »ein Geschäft, welches meine
äußere Tätigkeit mehr als ratsam in Anspruch nahm« mit der
Folge: »Endlich, endlich ist dieser wüste, verschnupfte, vermale-
deite, hundsföttische Winter überstanden. Ich habe während den
drei letzten Monaten an einer Verstimmung und inneren Ver-
ödung gelitten, wie ich vorher nie gekannt.«

Und so nahm Heine wieder die Korrespondententätigkeit für
die ›Augsburger Allgemeine Zeitung‹ auf, verfasste allerlei Gelegen-
heitsschriften, die teils in Deutschland teils in Frankreich erschienen und die ihm einen Zuverdienst verschafften zu den Renten,
die er von seinem Onkel Salomon Heine und vom französischen
Staat erhalten wird. Mit diesen Schriften, vor allem mit ›Shake-
speares Mädchen und Frauen‹ sowie ›Die französische Bühne‹,
kehrte er auch zu einer alten Liebe zurück, dem Theater.

Warum zog das Theater Heinrich Heine so in seinen Bann? Als
knapp 25-Jähriger hatte er in Berlin von den Brettern, die eine Welt
bedeuten, geträumt, hatte mit ›Almansor‹ und mit ›William Ratcliff‹ zwei Schauspiele geschrieben und gehofft, sie würden am
Berliner Schauspielhaus gespielt werden, ihm Ruhm einbringen
und ihn in die Theaterwelt eintauchen lassen. Ein vergeblicher
Traum. Zwar wurde das »südliche Romanzendrama« ›Almansor‹,
das von der Vertreibung der Mauren und der Juden 1492 in Spanien
erzählt, gespielt, nicht aber in Berlin, sondern in Braunschweig. Die
dramatische shakespearehafte Ballade ›William Ratcliff‹ erschien
zwar wie ›Almansor‹ im Druck, wurde aber nirgends aufgeführt. Das
Theater wurde für Heine auch zu einer Liebesenttäuschung.

In Paris fand Heine nun ein überaus lebendiges Theaterleben vor, nicht nur im ehrwürdigen Théâtre Français, sondern auf den vielen Bühnen, die sich in den 30er und 40er Jahren rund um die Boulevards bildeten. Zwar war er mehr oder weniger allein passiver Zuschauer, liebte das Theater aber weiterhin als einen Ort, der ihm ein zweites Leben vorspielte. August Lewald, der befreundete Theaterdichter und Redakteur, den er schon aus Hamburg kannte und der häufig in Paris gewesen war, bat Heine Ende der 30er Jahre für seine ›Allgemeine Theaterrevue‹ um Berichte über das Pariser Bühnenleben, die dann auch ab Anfang 1838 erschienen, und zwar unter dem Titel ›Über die französische Bühne – vertraute Briefe an August Lewald – geschrieben auf einem Dorfe bei Paris‹.

Heine war schon seit den ersten Wochen von Paris ein eifriger Theaterbesucher. Er fand in den Theatern Orte, die Brennpunkte des öffentlichen gesellschaftlichen Lebens waren. »Alle Notabilitäten der Hauptstadt, alles was hier durch Rang, Geburt, Talent, Laster, Reichtum, kurz durch Auszeichnung jeder Art«, fand sich dort ein, wie Heine konstatierte. Zudem wurden, vor allem in den Stücken Victor Hugos, die Fragen der Zeit mit den Mitteln der Kunst gestellt. Aber die Theater besaßen noch ein anderes Lockmittel, das nicht nur Heine in den Bann zog: Die Schauspielerinnen. Ihnen stellten alle »Notabilitäten« nach, mit viel oder wenig finanziellem Einsatz, brachten Blumen in die Garderoben, warteten auf die Damen hinter der Bühne oder am Entrée des Artistes, in der Hoffnung, die Actricen würden sich ihnen ergeben oder sich von ihnen kaufen lassen. Auch Heine.

In der Tat hatten fast alle Schauspielerinnen einen reichen Gönner, der ihr Leben alimentierte. »Alle schönen Schauspielerinnen haben hier ihren bestimmten Preis, und die, welche um keinen Preis zu haben sind, sind gewiß die teuersten. Die meisten jungen Schauspielerinnen werden von Verschwendern oder reichen Parvenüs unterhalten«, wird Heine später in ›Lutetia‹ schreiben und resümieren: »Man weiß daher selten hier, wo die Actrice und die Kurtisane ihre Rollen wechseln, wo die Komödie aufhört und die liebe Natur wieder anfängt, wo der fünffüßige Jambus in die vierfüßige Unzucht übergeht.«

Auch die Dichter von Paris hielten sich gelegentlich Schauspielerinnen als Maitressen, so de Vigny, der Marie Dorval sechs Jahre lang an sich band, Balzac, de Musset, Nerval, Alexandre Dumas und später auch Alexandre Dumas der Jüngere, der das Schicksal seiner Actrice-Maitresse Marie Duplessis in der ›Kameliendame‹ erzählen sollte. Heine stellte ihnen zwar auch nach, musste sie jedoch vor allem aus gebührender Ferne bewundern, die großen Schauspielerinnen von Paris, Rahel, Marie Dorval, Virginie Déjazet oder »die Grisi, die singende Blume der Schönheit«.

Doch was berichtete Heine in den »vertrauten Briefen« vom Bühnenleben in Paris? Zuerst stellte er ein Unbehagen und ein Unverständnis fest, »daß wir mit unser mitgebrachten, heimischen Denk- und Gefühlsweise immer isoliert stehen unter einem Volke, das ganz anders fühlt und denkt als wir . . . Trägt man ein deutsches Gemüt in der Brust, so schmilzt einem das Vergnügen bei dem besten französischen Lustspiel.« Vor allem ließ sich Heine in den Briefen über den Unterschied in der Mentalität der Deutschen und der Franzosen aus, was sich auch jeweils auf den Bühnen widerspiegle. »Das sittliche Mißverhältnis zwischen Mann und Weib ist hier der Dünger, welcher den Boden des Lustspiels so kostbar befruchtet. Die Ehe, oder vielmehr der Ehebruch, ist der Mittelpunkt all jener Lustspielraketen, die so brillant in die Höhe schießen«, informierte Heine den deutschen Leser, und während in Deutschland meist das unverheiratete Mädchen auf die Bühne gebracht wurde, sei es in Frankreich die verheiratete Frau. Nur sie sei der Gegenstand der Liebe, im Leben wie in der Kunst, um zu dem kurzen Fazit zu kommen: »Genug, das Leben ist hier in Frankreich dramatischer, und der Spiegel des Lebens, das Theater, zeigt hier im höchsten Grade Handlung und Passion.« Ob nun aber die Passion, »jener beständige Donner und Blitz«, die er ja in seiner Ehe mit Mathilde selbst erlebte, auf dem Theater übertrieben dargestellt werde, könne nur der beurteilen, der die »innigste Bekanntschaft mit dem französischen Leben selbst« habe. Er bot sich damit selbst als dessen Experte an.

Konkrete Theaterkritik dessen, was er gesehen hatte, war in den Briefen hingegen kaum zu finden, es blieb bei den Allgemeinheiten über das französische Theater im Verhältnis zum deutschen. Anders in der Musik. Im neunten Brief fragte Heine: »Was ist die Musik?« und antwortete drei Zeilen später: »Ich möchte sagen, sie ist ein Wunder.« In ›Lutetia‹ wird er folgern: »Die Musik ist vielleicht das letzte Wort der Kunst, wie der Tod das letzte Wort des Lebens.« In Paris ersaufe man fast vor lauter Musik, vor dieser »klingenden Sintflut«. Und so wandte er sich der wortlosen Sprache der Musik zu. Erst einmal berichtete er indes von den Opernerfolgen Meyerbeers. »Er ist der Mann seiner Zeit«, gestand er neidlos, als er sich noch nicht mit ihm überworfen hatte. Dann aber, nach einem Exkurs über die Profiteure des Musiklebens, besonders über einen gewissen Louis-Desirée Veron, der als Konzertimpresario reich geworden sei, feierte er die musikalischen Größen von Paris, Franz Liszt, Hector Berlioz und vor allem Fréderic Chopin. »Sein Ruhm ist aristokratischer Art, er ist parfümiert von den Lobsprüchen der guten Gesellschaft, er ist vornehm wie seine Person.«

Was aber in den Theater- und Musikberichten Heines nach Deutschland fehlt, ist die leichte Muse, die ihm nicht vornehm genug ist. Er hasste ja nicht nur den Cancan, er verachtete die Operettenherrlichkeit, die sich in Paris auszubreiten begann, er erwähnte nicht den Erfolg, den Johann Strauß Vater mehrere Monate lang in Paris mit dem Walzer feierte, auch nicht die Tänze der Lola Montez im Théâtre de la Porte St. Martin. Er missachtete die Aufführungen der Opera Comique und die musikalischen Attraktionen, mit denen Philippe Musard auf dem volkstümlichen Teil der Boulevards, dem Boulevard du Temple, das Publikum eroberte.

Der gescheiterte Versuch, ein Zeitungsverleger zu sein, wird Heinrich Heine jedoch nicht nur zum Theater- und Musikkritiker auf Zeit machen, sondern ihn auch wieder auf den Weg des Dichters bringen, den er wegen der publizistischen Tagesarbeit allzu häufig verlassen hatte. 1839 schickte Heine zuerst vier Zyklen von Gedichten an die Zeitschrift ›Die elegante Welt‹. Er nannte sie ›Neue Gedichte‹, drückte aber gegenüber dem Redakteur der Zeitung Gustav Ferdinand Kühne eine Skepsis darüber aus, ob die politisch aufgewühlten Zeiten überhaupt noch Versen gewogen wären, und schrieb auch Verse mit politischen Anspielungen, die aber wegen der Zensur nicht in ›Die elegante Welt‹ erscheinen dürfen, so ›Bei des Nachtwächters Ankunft zu Paris‹.

![Ansicht der Porte St. Denis in Paris (ca. 1850)]

Ansicht der Porte St. Denis in Paris (ca. 1850)

*Heinrich Heine 1836 (Stich nach der
Zeichnung von Tony Johannot)
© Heinrich-Heine-Institut,
Düsseldorf*

L'EUROPE LITTÉRAIRE,

JOURNAL DE LA LITTÉRATURE NATIONALE ET ÉTRANGÈRE.

— La Politique est complétement exclue de ce Journal. —

PARIS. — 1ᵉʳ MARS 1833.

La littérature, considérée jusqu'ici comme un appendice et même, par quelques-uns, comme une superfétation du corps social, n'a pas eu encore de place avouée; elle n'a pu que se faufiler au milieu des puissans, masquant souvent son

livrer bataille; quand on marche vers un noble but, un peu de verte confiance est nécessaire. Est-ce donc un excès de présomption que d'espé ment en cette grande association de la Pensée Européenne, qui est non et de, tous les élémens s'attirent déjà de leurs propres affinités? Dans to se passe autour de nous, ne voit-on donc pas l'aube première de ce gr

›L'Europe littéraire‹: *Kopf der Titelseite vom 1. März 1833 mit Heines Beitrag über die deutsche Literatur*

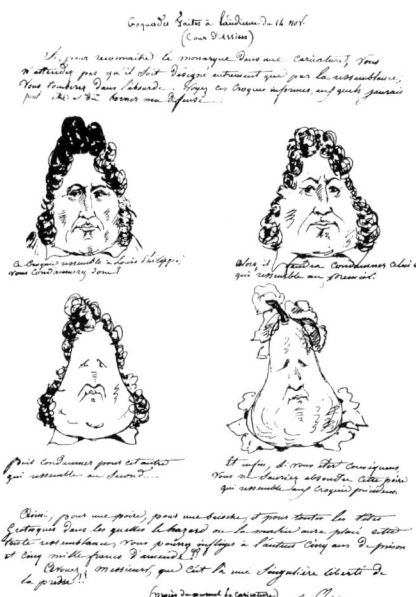

Charles Philipon, ›Die Birnenskizzen‹ (aus ›La Caricature‹ Nr. 65, 26. 1. 1832). Im August 1830 wurde die Zeitschrift ›La Caricature‹ von Charles Philipon gegründet. Sie veröffentlichte die Werke der bekanntesten Karikaturisten der damaligen Zeit, u. a. von Honoré Daumier. © Heinrich-Heine-Institut, Düsseldorf

Honoré Daumier, ›Erinnerungen an die Cholera‹ (Holzstich aus ›Némésis médicale illustrée‹, 1840) © Heinrich-Heine-Institut, Düsseldorf

Ludwig Börne (Gemälde von Moritz Daniel Oppenheim, 1827)
© akg-images, Berlin

Gräfin Marie d'Agoult (um 1839,
Radierung nach einem Medaillon)
© akg-images, Berlin

La princesse Belgiojoso (Zeichnung
von Theodore Chesserian)
© Heinrich-Heine-Institut, Düsseldorf

George Sand (Lithografie von
Emile Lassalle nach einem Gemälde
von Auguste Charpentier, 1838)
© akg-images, Berlin

Porträt Heinrich Heines von Samuel Diez (Paris 1842)
© *akg-images, Berlin*

Der Verleger Julius Campe (Stich von August Weger nach einer Fotografie)
© Heinrich-Heine-Institut, Düsseldorf

Manuskript der ersten Verse der ›Nachtgedanken‹ aus den ›Neuen Gedichten‹ (1844): »Denk' ich an Deutschland in der Nacht . . .«
© Heinrich-Heine-Institut, Düsseldorf

Mathilde Heine, geborene Augustine Crescence Mirat (Fotografie nach einem Gemälde) © Heinrich-Heine-Institut, Düsseldorf

Heinrich Heine und Frau Mathilde (Gemälde von Ernst Benedikt Kietz, 1851)
© Heinrich-Heine-Institut, Düsseldorf

Elise Krinitz, genannt Mouche (Aus: Gustav Karpeles, Heinrich Heine.
Aus seinem Leben und aus seiner Zeit, Leipzig 1889)
© *Heinrich-Heine-Institut, Düsseldorf*

*Heinrich Heine (Stich nach einer Zeichnung von
Charles Gabriel Gleyre, 1851)
© Heinrich-Heine-Institut, Düsseldorf*

*Heinrich Heines Grab
auf dem Friedhof von
Montmartre (Farblitho-
grafie des Lithographischen
Instituts A. Werl, Leipzig,
nach einer Zeichnung
von E. Abeille)*

Nachtwächter mit langen Fortschrittsbeinen,
Du kommst so verstört einhergerannt!
Wie geht es daheim den lieben Meinen,
ist schon befreit das Vaterland?

Vortrefflich geht es, der stille Segen,
Er wuchert im sittlich gehüteten Haus,
Und ruhig und sicher, auf friedlichen Wegen,
Entwickelt sich Deutschland von innen heraus.

Nicht oberflächlich wie Frankreich blüht es,
Wo Freiheit das äußere Leben bewegt;
Nur in der Tiefe des Gemütes
Ein deutscher Mann die Freiheit trägt.

Heine schrieb Verse über Deutschland, lebte aber in Frankreich, wo die »Freiheit das äußere Leben bewegt«. Er blieb ein Mann zwischen den Welten von Heimat und Exil, aber doch ein deutscher Dichter? Da bewarb sich Heine im November 1842 um das französische Heimatrecht. Wollte er diesen Widerspruch auflösen, zumindest äußerlich? War ihm Paris wirklich zur Heimat geworden oder nur zum Ort seiner Existenz? Er hatte sich viele Freunde geschaffen und sie wieder verloren, manche Feinde gefunden, auch weil er in seinen Beziehungen so unstet war und jeden, auch ihm gewogenen Menschen beleidigen konnte, ob er Alfred de Musset, Honoré de Balzac, Théophile Gautier, Giacomo Meyerbeer oder George Sand hieß. Rückblickend wird er bekunden, dass kein anderer Deutscher je eine solche Wertschätzung vonseiten der Franzosen erfahren habe wie er, weder in der literarischen Welt noch in der guten Gesellschaft. Aber da täuschte er sich selbst. Mit Victor Hugo zum Beispiel verband Heine wohl die entschiedenste gegenseitige Ablehnung. Hugo sollte darüber schärfsten Tons schreiben: »Heinrich Heine, Deutscher mit Schwingen ohne Esprit, Mißgunst und Haß in der Wirbelsäule. Desinit in monstrum.« Alfred de Musset, den Heine als Dichter hoch schätzte, verachtete er als Mensch, warf ihm seine Ausschweifungen vor, die ihn körperlich und geistig ruinierten, nannte ihn einen »Gassenjungen«, was aber vielleicht auch nur Neid auf den Dandy und Liebling der Frauen und den erfolgreichen Dichter war, worauf Musset ihm entgegnete, Heine verachte Menschen, die ohne Gott lebten. Beide aber liebten dieselbe Frau, George Sand.

1833 hatte sie mit ihrem vierten Roman ›Lelia‹ einen Skandal provoziert, weil sie von einer unabhängigen Frau und ihrer imaginären Liebesnacht mit einem Mann schrieb: »Ich krallte meine Finger in die Schulter, in dem Glauben, dort den Biß seiner Zähne zu spüren. Ich schrie nach der Lust, sollte sie mir auch ewig Verdammnis einbringen.« Bald gehörte die Dichterin mit den Namen eines Mannes, die so Ungeheuerliches öffentlich machte, zu den erfolgreichen und viel gelesenen Romanautorinnen der Zeit und zählte zu den Protagonisten von Tout Paris. 1835 hatte Heine ihr geschrieben: »Es ist unmöglich in Worte zu fassen, wie liebenswürdig, anbetungswürdig, göttlich Sie sind«, und besuchte sie in ihrem Pariser Domizil am Quai Malaquais des linken Seine-Ufers. Sie lud ihn häufig dahin ein und meinte gar: »Sie können in Pantoffeln und baumwollener Nachtmütze kommen.«

Ein Jahr später aber trat die Eifersucht zwischen die beiden, als der Dichter sich der italienischen Prinzessin zuwandte. George Sand schrieb an Franz Liszt: »Man sagt, unser Cousin Heine ist zu einem Steingebilde geworden, dass der Prinzessin Belgiojoso bewundernd zu Füßen liegt«, und warf Heine seine Monomanie vor. Da hatte sie gerade nach einer turbulenten Affäre den sechs Jahre jüngeren Musset, als der in Venedig erkrankt war, verlassen, was Heine wiederum empörte. Sie fragte ihn nun, was denn überhaupt Liebe sei, und er antwortete ihr, wie sie im Tagebuch notierte: »Heine sagte mir, man könne nur mit dem Kopf und den Sinnen lieben und das Herz bedeute in der Liebe wenig.« Musset hatte den Platz an ihrer Seite freimachen müssen und der Arzt Pietro Pagello, den sie aus Venedig mitgebracht hatte, auch. Nun konnte Heine ihr nahe sein, besuchte sie auch in ihrem Landhaus von Nohant bei La Châtre. Der Dichter erzählt von einer Liebesnacht mit ihr. Ob sie nun wirklich stattgefunden hat oder doch eher nur seiner Fantasie nur entsprang, bleibt ungewiss. »Mir träumte von ihr, die ich nicht lieben will und nicht lieben darf, deren Leidenschaft mich heimlich beseligt.« Warum aber wollte, durfte er sie nicht lieben? Weil er sie für ihre ausschweifende Lebensart und die entschiedene freie Wahl der Männer verachtete? Weil er Frauen das nicht zugestand, weshalb er sie viel später auch verächtlich »Luder« und vor allem nach ihrer Trennung von Chopin »Emanzipatrice der Weiber, oder vielmehr Emanzimatrice« nennen wird?

»Es war in ihrem Landhaus, in dem kleinen dämmrigen Gemache, wo die wilden Oleanderbäume das Balkonfenster überragen. Das Fenster war offen, und der helle Mond schien uns ins Zimmer herein und warf seine silbernen Streiflichter über ihre weißen Arme, die mich so liebevoll umschlossen hielten. Wir schwiegen und dachten nur an unser süßes Elend.« Immer wieder das Elend nach der Liebe? Oder der Gedanke, dass der Liebe der Tod folgt, »daß man an die schauerlichsten Dinge denken mußte, an Leben ohne Liebe, an Tod ohne Auferstehung, an Tränen, die man nicht weinen kann«? Heine beendet die Liebesszene mit dem Satz »Schlimmer noch als das Träumen ist das Erwachen«, aus einer Liebesphantasie oder auch einer realen Liebesnacht?

Bald darauf hatte er die Schuhverkäuferin Augustine Crescence seine Mathilde, kennen- und liebengelernt, die er ohne Reue lieben konnte. Aber sie band ihn fest an sich und er ließ sich an sie liebend gerne ketten. Sie entfernte ihn von der Schriftstellerin, so dass er den Einladungen von George Sand kaum mehr folgte und ihr schreiben musste: »Ich hätte Sie so gern gesehen. Die Strahlen Ihrer Augen hätten mir wohlgetan . . . Ich liebe Sie von ganzem Herzen, mit allen Fasern meines Herzens. Wenn Sie frei sind, freuen Sie sich Ihrer Freiheit«, war er doch gefangen: »Ich bin in schrecklichen Ketten, und weil man mich abends mit ganz besonderer Sorgfalt ankettet, gelang es mir nicht, Sie in Paris zu sehen. Aber wenn ich alles hinter mir habe, werde ich Sie wiedersehen und sei es am Ende der Welt . . . Ihr Haar ist das schönste, das ich gesehen habe.«

Wenige Tage später im August 1838 erhielt Heine einen knappen Brief der Frau mit den schönsten Haaren, in dem sie zwar beteuerte, sie zürne ihm nicht, denn von allen Hindernissen sei es nur die Liebe, die sie akzeptiere, und doch: »Adieu, cher ami, erhalten Sie die besten Wünsche zur Genesung und für die Dauer Ihres Glückes.« Im Herbst teilte er ihr mit, er sei nun geheilt, schrecklich geheilt, er sei nicht mehr verliebt, und nannte das ein

miserables Glück. Kurze Billets gingen noch einige Zeit hin und
her, aber das innige Verhältnis zu der geliebten und geschätzten
Freundin kühlte ab und die Revolution von 1848 trieb sie schließlich endgültig auseinander.»Heines Herz ist ebenso gut wie seine
Zunge schlimm ist. Er ist zärtlich, hingebungsvoll, ergeben, in der
Liebe romantisch, sogar schwach.« Sie hatte sich der Unterjochung durch einen Mann nach ihrer Scheidung immer entzogen,
Heine aber sei »imstande, die unbegrenzte Unterjochung unter
eine Frau zu ertragen«. Damit meinte sie wohl seine Leidenschaft
zu Mathilde.

Viel später schreibt Heine im Rückblick auf diese alte Freundschaft: »Nie sagte George Sand etwas Witziges, wie sie überhaupt
eine der unwitzigsten Französinnen ist, die ich kenne.« Er nennt
sie die größte Schriftstellerin und eine schöne Frau, denn ihr »Ge-
nius hat die wohlgerundet schönsten Hüften«, um dann an ihr
herumzumäkeln: »Ihren Mund umspielt gewöhnlich ein gutmüti-
ges Lächeln, es ist aber nicht sehr anziehend; die etwas hängende
Unterlippe verrät ermüdete Sinnlichkeit. Das Kinn ist vollfleischig,
aber doch schön gemessen. Auch ihre Schultern sind schön, ja
prächtig. Ebenfalls die Arm und die Hände, die sehr klein, wie ihre
Füße. Die Reize des Busens mögen andere Zeitgenossen beschreiben. Ich gestehe meine Inkompetenz.« Ironisch fügt er hinzu:
»Der übrige Körperbau scheint etwas zu dick«, und vergleicht sie
doch mit der Venus von Milo im Louvre, indes eher sarkastisch,
denn diese übertreffe sie sogar durch manche Eigenschaften: »Sie
ist z.B. sehr viel jünger.« Als diese Schilderung in dem Buch ›Lutetia‹ 1854 erschien, hatten sich Heine und Sand schon seit langem
voneinander entfernt.

Als Heine im September 1842 nach einem längeren Aufenthalt in
Boulogne-sur-Mer nach Paris zurückgekehrt war, stellte er in einer
Korrespondenz für die ›Augsburger Allgemeine Zeitung‹ fest: »Ich
gestehe, das Herz jauchzte mir in der Brust, als der Postwagen
über das geliebte Pflaster der Boulevards dahinrollte, als ich an dem
ersten Putzladen mit lächelnden Grisettengesichtern vorüberfuhr,
als ich das Glockengeläute der Coco-Verkäufer vernahm, als die
holdselige zivilisierte Luft von Paris mich wieder anwehte.« Dieser

Liebeserklärung an die Stadt seines freiwilligen Exils folgte die selbst gestellte Frage: »Warum aber war die Freude bei meiner Rückkehr nach Paris diesmal so überschwenglich, daß es mich fast bedünkte, als beträte ich den süßen Boden der Heimat?« und beantwortet sie selbst, ein Deutscher könnte sich an keinem Ort der Welt »heimischer fühlen als eben in Paris«. Frankreich selbst sei »am Ende unseres Herzens nichts anderes als ein französisches Deutschland«.

Wird diese Erkenntnis zwei Monate später zum Anlass, Heimatrecht in Frankreich zu beantragen? Baut er sich damit nicht auch eine Eselsbrücke, um Deutschland nicht ganz den Rücken kehren zu müssen, wenn er betont, dass er in einem »französischen Deutschland« lebe? »Nach Deutschland gehe ich nie und nimmer zurück, ich lebe hier umfriedet«, teilte er dem Bruder Maximilian Heine mit. In Deutschland galt er, wie Heine an Laube schrieb »für einen Abtrünnigen, einen Servilen«. Was also lag näher, als seinen Aufenthalt in Frankreich abzusichern? Doch der Antrag auf Einbürgerung scheiterte, obwohl er schon Pension vom Staat erhielt und beste Beziehungen zu den Ministerien unterhielt. Oder wollte er doch nicht wirklich Franzose werden? In ›Lutetia‹ schreibt er rückblickend und vielleicht nicht ganz die volle Wahrheit preisgebend: »Aus mißmutiger Fürsorge erfüllte ich einst die Formalitäten, die zu nichts verpflichten und uns doch in den Stand setzen, nötigenfalls die Rechte der Naturalisation ohne Zögernis zu erlangen. Aber ich hegte immer eine unheimliche Scheu vor dem definitiven Akt.« Er gab noch vor, durch die Einbürgerung wäre es ihm möglich gewesen, in den französischen Staatsdienst einzutreten, worum einflussreiche Regierungskreise ihn gebeten hätten. Die Angelegenheit blieb im Dunkeln. Dafür sagte er selbst. »Es war der närrische Hochmut des deutschen Dichters, der mich davon abhielt, auch nur pro Forma ein Franzose zu werden ... Zu einer eigentlichen Scheidung sollte es nicht kommen. Ich habe es nie übers Herz bringen können, mich ganz loszusagen von meinem Hauskreuz«, schrieb er 1854. Und nun? Dennoch in Frankreich bleiben und leben und an Deutschland immer nur denken?

Deutschland, ein Wintermärchen –
Frankreich ein Frühlingstraum?

Denk ich an Deutschland in der Nacht,
Dann bin ich um den Schlaf gebracht,
Ich kann nicht mehr die Augen schließen,
Und meine heißen Tränen fließen.

Die Jahre kommen und vergehn!
Seit ich die Mutter nicht gesehn
Zwölf Jahre sind schon hingegangen;
Es wächst mein Sehnen und Verlangen.

Wenige Monate nachdem Heines Antrag auf Heimatrecht in Paris erfolglos war, schrieb er dieses Gedicht über das Vaterland, die Muttersprache, das Mutterland.

Die Mutter liegt mir stets im Sinn.
Zwölf lange Jahre flossen hin,
Zwölf lange Jahre sind verflossen,
Seit ich sie nicht ans Herz geschlossen

Deutschland hat ewigen Bestand,
es ist ein kerngesundes Land,
Mit seinen Eichen, seinen Linden,
Werd ich es immer wiederfinden.

Nach Deutschland lechzt ich nicht so sehr,
Wenn nicht die Mutter dorten wär;
Das Vaterland wird nie verderben,
Jedoch die alte Frau kann sterben.

Mit der letzten Strophe seines berühmten Versepos, das 1844 erschien, kehrt Heine indes wieder in die Pariser Gegenwart zurück:

Gottlob! durch meine Fenster bricht
Französisch heitres Tageslicht;
Es kommt mein Weib, schön wie der Morgen,
Und lächelt fort die deutschen Sorgen.

Ende Oktober 1843 hatte Heine allerdings doch sein »Weib, schön
wie der Morgen« allen eifersüchtigen Bedenken zum Trotz in Paris
zurückgelassen und fuhr zu seiner Mutter nach Hamburg. Zuvor
schrieb er noch an François Mignet: »Morgen um sechs Uhr fahre
ich. Seit drei Tagen sind alle meine Gedanken schon in Deutschland, und ich gestehe Ihnen, daß sie sich dort schon zu langweilen
beginnen. Ich werde bald zurück sein.«

Ade, Paris, du teure Stadt,
Wir müssen heute scheiden,
Ich lasse dich im Überfluß
Von Wonne und von Freuden.

Das deutsche Herz in meiner Brust
Ist plötzlich krank geworden,
Der einzige Arzt, der es heilen kann,
Der wohnt daheim im Norden.

So dichtete der Heimwehkranke. Seiner französischen Frau konnte
er diese Krankheit nicht erklären.

Ade, mein Weib, mein schönes Weib,
Du kannst meine Qual nicht fassen,
Ich drücke dich so fest an mein Herz
Und muß dich doch verlassen.

Die lechzende Qual, sie treibt mich fort
Von meinem süßesten Glücke –
Muß wieder atmen deutsche Luft,
Damit ich nicht ersticke.

Doch schon bei Aachen und auf den ersten Stationen jenseits der Grenze wird die Luft dünn und beklemmend. Als er den Schlagbaum passiert hatte und die deutsche Sprache hörte, wurde ihm seltsam zumute, und wie er in ›Deutschland. Ein Wintermärchen‹ dichten wird, sang schon dort ein Harfenmädchen vom »irdischen Jammertal« und vom »Jenseits«, wo die Seele schwelge.

> *Sie sang das alte Entsagungslied*
> *Das Eiapopeia vom Himmel,*
> *Womit man einlullt, wenn es greint*
> *Das Volk, den großen Lümmel.*

Und Heine entgegnet ihr, noch immer in Anklängen terrestrisch-paradiesischer Utopien der Saint-Simonisten:

> *Ein neues Lied, ein besseres Lied,*
> *O Freunde, will ich euch dichten*
> *Wir wollen hier auf Erden schon*
> *Das Himmelreich errichten.*
>
> *Wir wollen auf Erden glücklich sein,*
> *Und wollen nicht mehr darben;*
> *Verschlemmen soll nicht der faule Bauch*
> *Was fleißige Hände erwarben.*
>
> *Es wächst hinieden Brot genug*
> *Für alle Menschenkinder,*
> *Auch Rosen und Myrten, Schönheit und Lust,*
> *Und Zuckererbsen nicht minder.*

Als Heine den Rhein überquerte, grüßte ihn der alte Strom mit brummelnder Stimme:

> *Willkommen, mein Junge, das ist mir lieb,*
> *Daß du mich nicht vergessen;*
> *Seit dreizehn Jahren sah ich dich nicht,*
> *Mir ging es schlecht unterdessen.*

Zwar war Heines Route nicht der identisch, die er im Poem des Wintermärchens erzählt, da er Hin- und Rückreise miteinander vermischte, doch der Weg führte Richtung Hamburg.

> *Das ist ja meine Heimatluft!*
> *Die glühende Wange empfand es!*
> *Und dieser Landstraßenkot, er*
> *Ist der Dreck meines Vaterlandes.*

Schließlich gelangte Heinrich Heine ans Ziel seiner Reise, ins Haus der Mutter, die »schlug zusammen die Hände beide« und servierte dem verlorenen Sohn Fisch, Gänsefleisch und Apfelsinen, fragte ihn:

> *»Mein liebes Kind! In welchem Land*
> *Läßt sich am besten leben?*
> *Hier oder in Frankreich? und welchem Volk*
> *Wirst du den Vorzug geben?«*

> *Die deutsche Gans, lieb Mütterlein,*
> *Ist gut, jedoch die Franzosen,*
> *Sie stopfen die Gänse besser als wir,*
> *Auch haben sie bessere Saucen.*

Doch je länger Heine in Hamburg blieb, desto mehr plagten ihn andere Sorgen als die um die Qualität der Saucen. »Es ist ein großer Entschluß, dass ich Dich allein in Paris gelassen, in diesem schrecklichen Abgrunde«, und er fuhr in seiner von Eifersucht genährten Angst fort: »Vergiß nicht, daß mein Auge immer auf Dir ruht; ich weiß alles, was Du tust«, als wäre er das Auge Gottes, das über seiner Frau Mathilde wachte. Da sie ihn eine Weile ohne Nachricht gelassen hatte: »Unbestimmte und trübe Sorgen quälen mich Tag und Nacht. Du bist die einzige Freude meines Lebens – mache mich nicht unglücklich ... Mein Gott! Mein Gott! Seit vierzehn Tagen habe ich Dich nicht zwitschern hören ... Es ist ein wahres Exil.« Und doch genoss er dieses »Exil« des Zuhauses, im Umkreis der Familie, im Wiedersehen alter Freunde, beim Essen mit seinem Verleger Julius Campe, erwog nach Leipzig und von dort mit der Eisenbahn nach Berlin zu fahren, um seinen Vertrauten Karl August Varnhagen von Ense aufzusuchen. Doch er besaß keine »Sicherheitsgarantien« für die Reise in die preußische Hauptstadt, wie er ihm schrieb, und verwarf den Plan.

Nachdem Mathilde seine Eifersuchtsfantasien brieflich ein wenig beruhigt hatte, blieb Heine länger als geplant in Hamburg, auch um seine finanziellen Angelegenheiten zu regeln und mit seinem Verleger Buchpläne zu besprechen. »Was macht jetzt meine Frau, die Tollste der Tollen? Es war eine Tollheit von mir, Dich nicht mit hierher zu bringen.« Er schickte ihr Küsse nach Paris, Küsse auch an Cocotte, den Papagei, erzählte ihr von einer Tanzgesellschaft in Hamburg, »wie glücklich hätte es mich gemacht, Dich dort mit Deinem dicken Popo herumwirbeln zu sehen. Ich muß meine Abreise beschleunigen.« Heine trat wenige Tage später die Rückreise nach Paris an, über Hannover, Bückeburg, Köln und Brüssel. Kurz vor Jahresende 1843 konnte er Campe mitteilen: »Seit zehn Tagen bin ich wieder in meinem Hauptquartier, wo ich alles besser antraf, als ich mir vorstellte; der Mangel an Nachrichten von Paris verleidete meine letzten Tage in Hamburg, so daß mir dort der Kopf davonlief«. Er konnte nun seine Eifersucht in Mathildes Armen beruhigen.

»Hab auf meiner Reise mancherlei Verse gemacht, die mir mit größerer Leichtigkeit gelingen, wenn ich deutsche Luft atme«, wunderte Heine sich, nannte die Verse »poetische Früchte«, die den Titel ›Deutschland – ein Wintermärchen‹ tragen werden. »Ich kann es als Poet noch zu etwas bringen«, konstatierte er gegenüber Campe erleichtert, versiegte doch im Trubel von Paris allzu oft die poetische Ader. Dort lebte er zwar »umfriedet«, wie er festgestellt hatte, aber Verse gelangen ihm leichter, wenn er fern von der großen Stadt war, fern auch vom Alltag, der ihn zu ersticken drohte, von der Häuslichkeit, »den verdrießlichsten äußeren Verhinderungen«, die er Laube einmal so beschrieb: »Draußen schneekaltes Sturmwetter, in meinem Zimmer mehr Rauch als Feuer, neben mir ein Papagei, der beständig schreit, und ein schönes Weib, welches mit einer alten Magd zankt«, Alltag, der auf das Gemüt drückte,

»und wie sieht es erst im Innern aus, in der Seele – wie in einem alten Schornstein, worin Heringe getrocknet werden und die Hexen auf ihren Besenstielen auf und ab steigen.« Konnte er aber dem Alltag ausweichen, flossen Gedichte leicht in die Feder, sei es nun auf der Deutschlandfahrt, sei es in der Normandie, sei es in den Pyrenäen, wo er 1841 während einer Kur in Cauterets das humoristisch-lakonische Versepos ›Atta Troll‹ zu dichten begonnen hatte, mit dem Untertitel: ›Ein Sommernachtstraum‹.

> *Traum der Sommernacht! Phantastisch*
> *Zwecklos ist mein Lied. Ja zwecklos*
> *Wie die Liebe, wie das Leben,*
> *Wie der Schöpfer samt der Schöpfung!*

> *Nur der eignen Lust gehorchend,*
> *Galoppierend oder fliegend,*
> *Tummelt sich im Fabelreiche*
> *Mein geliebter Pegasus.*

> *Ist kein nützlich tugendhafter*
> *Karrengaul des Bürgertums,*
> *Noch ein Schlachtpferd der Parteiwut,*
> *Das pathetisch stampft und wiehert!*

Nein, Heine wollte ganz Dichter sein, und sein geflügeltes Pferd Pegasus sollte als Symbol poetischer Freiheit seine Dichtung inspirieren, ihn wiederum beflügeln, gegen alle Zweckdichtung, jene »stampfende und wiehernde« Tendenzpoesie in Deutschland, die in diesen Jahren ganz parteiisch blühte und gegen die er mit ›Atta Troll‹ zu Felde zog. Er gab gleich ein Beispiel »eigener Lust« vom Ort der Dichtung, aus Cauterets:

> *Ich verbrachte fast die Hälfte*
> *Jener Nacht auf dem Balkone.*
> *Neben mir stand Juliette*
> *Und betrachtete die Sterne.*

> *Seufzend sprach sie: Ach die Sterne*
> *Sind am schönsten in Paris,*
> *Wenn sie dort des Winterabends,*
> *In dem Straßenkot sich spiegeln.*

Und da diese Juliette die poetische Verwandlung seiner Mathilde ist, fährt das Gedicht weiter aus:

> *Ihre Blicke sind ein süßes*
> *Strahlennetz, in dessen Maschen*
> *Unser Herz, gleich einem Fischlein,*
> *Sich verfängt und zärtlich zappelt.*

Aber schon schränkt er das Lob seiner französischen Lebensgefährtin ein, sehnt sich nach etwas, das er bei ihr nicht findet.

> *Juliette hat im Busen*
> *Kein Gemüt, sie ist Französin,*
> *lebt nach außen; doch ihr Äußres*
> *Ist entzückend, ist bezaubernd.*

Sodann führt Pegasus den Dichter in die Höhle des Tanzbären Atta Troll.

> *Sonderbar! Wie wohlbekannt*
> *Dünkt mir diese Bärensprache!*
> *Hab ich nicht in teurer Heimat*
> *Früh vernommen diese Laute ?*

In siebenundzwanzig Gesängen spiegelt Heine in dem tollpatschigen Bären alle Visionen des Gutmenschen mit dem Wunsch jedenfalls, edler als andere zu sein, Beglückung für alle zu erreichen, alle gleicher als gleich zu machen, der der Tendenzpoesie auf die Bärentatzen hilft:

Atta Troll, Tendenzbär; sittlich
Religiös, als Gatte brünstig
Durch Verführtsein von dem Zeitgeist,
Waldursprünglich Sanskülotte;

Sehr schlecht tanzend, doch Gesinnung
Tragend in der zottgen Hochbrust;
Manchmal auch gestunken habend;
Kein Talent, doch ein Charakter!

Und so preist Atta Troll sich selbst fragend auch die Gleichheit
aller Tiere: »Schreiben Esel nicht Kritiken?/ Spielen Affen nicht Komödie?« und fragt weiter:

Menschen, warum seid ihr besser
Als wir Andre? Aufrecht tragt ihr
Zwar das Haupt, jedoch im Haupte
Kriechen niedrig die Gedanken.

Menschen, seid ihr etwa besser
Als wir Andre, weil Eur Fell
Glatt und gleißend? Diesen Vorzug
Müßt ihr mit den Schlangen teilen.

›Atta Troll‹ ist pure Lust der Dichtung, ist sarkastische Verweige-
rung gegen den Anspruch, nützliche Verse zu schreiben, der Heine
immer wieder aus Deutschland entgegenschlug. Dafür wurde er
heftig angegriffen: »Es war eine große Émeute, und ich hätte nie
geglaubt, daß Deutschland so viele faule Äpfel hervorbringt, wie
mir damals an den Kopf flogen«, sollte er 1846 zur Buchausgabe
des Epos ›Atta Troll‹ schreiben, der zuvor, jedoch von der Zensur
verstümmelt, in der Zeitschrift ›Die elegante Welt‹ erschienen war.
Die »faulen Äpfel« flogen ihm von zwei Seiten an den Kopf, von der
Seite der Liberalen und der deutschen Jakobiner, und von der der
Konservativen und Nationalen. »Schwanengesang der unterge-
henden Periode« nannte Heine den ›Atta Troll‹, ahnend, dass die
Zeit nach Veränderung strebte und die Ereignisse sich in den fol-

genden Jahren zuspitzen würden, die aber seine Position zwischen allen Fronten immer heikler machen würden. »Ich fürchte, ich falle rückwärts«, vertraute er Gustav Kolb an und: »Ich habe große Furcht vor dem Greul einer Proletarierherrschaft, und gestehe Ihnen, aus Furcht bin ich ein Konservativer geworden.«

Zugleich warnte der Körper den Dichter. Seit langem plagte ihn ein Augenleiden und er hatte mit Lähmungserscheinungen zu kämpfen. »Ich habe wenig Hoffnung des Besserwerdens und sehe einer trüben Zukunft entgegen«, schrieb er an seinen Bruder Maximilian, indes: »Meine Frau ist ein gutes, natürliches, heiteres Kind, launisch, wie nur irgend eine Französin sein kann, und sie erlaubt mir nicht, in melancholischen Träumen zu versinken.« Er versank doch darin, »seit sieben bis acht Jahren liebe ich sie mit einer Leidenschaft und Zärtlichkeit, die ans Fabelhafte grenzt. Ich habe seitdem schrecklich viel Glück genossen, Qual und Seligkeit in entsetzlichster Mischung ... Werde ich jetzt die nüchterne Bitternis des Bodensatzes schlucken müssen? Wie gesagt, mich graut vor der Zukunft.«

Im April 1844 erließ das preußische Innenministerium wegen versuchten Hochverrats einen Grenzhaftbefehl gegen Heinrich Heine. Kurz zuvor hatte er nämlich in den ›Deutsch-französischen Jahrbüchern‹ satirische Lobgesänge auf den bayerischen König Ludwig veröffentlicht. »Dieses Gedicht wird den hohen Herren Schrecken einjagen – denn sie sehen, wessen ich fähig bin, wenn ich will.« Nun aber jagten diese hohen Herren Heine einen Schrecken ein, als sie einen Haftbefehl gegen ihn erwirkten und mehrfach erneuerten, und er zudem fürchten musste, aus Frankreich ausgewiesen zu werden. Die ›Deutsch-Französischen Jahrbücher‹ wurden in der Pariser Rue Vanneau herausgegeben von Arnold Ruge und Karl Marx, die nach dem Verbot der ›Rheinischen Zeitung‹ seit kurzem wie viele andere Sozialisten in Paris Zuflucht gefunden hatten. Auch Georg Herwegh, Moses Heß, Julius Fröbel hatten Deutschland verlassen müssen und wollten nun publizistisch von Paris aus wirken.

»Es gab eine Zeit, wo Heine tagaus tagein bei Marxens vorsprach, um ihnen seine Verse vorzulesen und das Urteil der beiden jungen Leute einzuholen«, sagte Marx' Tocher Eleanor von der Freundschaft, die den Dichter mit ihren Eltern verband. Heine wird später auch die Nähe zu einem anderen jungen deutschen Sozialisten suchen, zu Ferdinand Lassalle, mit dem er nicht nur die Bordelle der Stadt aufsucht, sondern auch Zukunftsgedanken austausch. In ›Atta Troll‹ hatte Heine noch jede politische Tendenzdichtung abgelehnt, deren »unfruchtbaren Pathos und nutzlosen Enthusiasmusdunst« er verachtete. Doch nun plötzlich schrieb er, der ja häufig mit kurzzeitigen Widersprüchen zu kämpfen hatte, selbst wieder Tendenzverse, angeregt durch seinen Umgang mit Karl Marx und Arnold Ruge. Auch Campe soll ihn gedrängt haben, sich lyrisch in die deutsche Gegenwart einzumischen. Seit 1844 erschien in Paris auch ›Der Vorwärts!‹, zwar mit Ausrufezeichen, aber einem harmlosen, camouflierenden Untertitel ›Pariser Signale aus Kunst, Wissenschaft, Theater, Musik und geselligem Leben‹.

Im ›Vorwärts!‹ von Juni 1844 wurde neben Heines Satire auf den Preußenkönig, ›Der neue Alexander‹, auch sein ›Weberlied‹ veröffentlicht, das vom Aufstand der schlesischen Weber erzählt, der von preußischen Truppen blutig niedergeschlagen wurde. Da das Gedicht auch als Flugblatt kursierte, versuchten die preußischen Behörden seine Verbreitung mit allen Mitteln zu verhindern.

> *Ein Fluch dem König, dem König der Reichen,*
> *Den unser Elend nicht konnte erweichen,*
> *Der den letzten Groschen von uns erpresst,*
> *Und uns wie Hunde erschießen lässt –*
> *Wir weben, wir weben !*

> *Ein Fluch dem falschen Vaterlande,*
> *Wo nur gedeihen Schmach und Schande,*
> *Wo jede Blume früh geknickt,*
> *Wo Fäulnis und Moder den Wurm erquickt –*
> *Wir weben , wir weben !*

Und dennoch, einen Monat später suchte Heine das »falsche Vaterland« erneut auf, trotz Grenzhaftbefehl. Er nahm aber aus Vorsicht das Schiff von Le Havre nach Hamburg, wo er in der letzten Juliwoche des Jahres 1844 ankam. Und Mathilde war dabei, sah erstmals die Heimat ihres Mannes. Sie musste aber bald schon allein nach Frankreich zurückkehren, da sie einen »fatalen Brief« von ihrer Mutter erhielt, die schwer erkrankt war. »Liebe Nonotte, alle Welt hier, besonders meine arme Mutter, ist wegen Deiner Abreise betrübt«, schrieb er ihr hinterher, »ich weiß nicht, was ich tue, und ich denke gar nichts«, nannte sich »trübselig wie eine Nachtmütze« und forderte sie auf: »Halte Dich still in Deinem Schlupfwinkel bis zu meiner Rückkehr.« Er litt nicht nur an Migräne und an der »schwarzen Laune«, sondern auch wieder an der Eifersucht und unterschrieb den Brief mit »Dein Hund und Gatte«.

Heine blieb einige Wochen in Hamburg, denn er bereitete mit Julius Campe seinen nach dem ›Buch der Lieder‹ von 1827 zweiten großen Gedichtband vor, der die Lyrik der Pariser Jahre versammeln sollte. Doch der drohenden Zensur musste Genüge getan werden, obwohl sie in Hamburg nicht so streng war. Schließlich war der preußische Buchmarkt Hauptabsatzgebiet für den Verleger. Einige Gedichte wurden gestrichen und bei Campe in einem Separatdruck publiziert: »Das nächststehende Gedicht schrieb ich im diesjährigen Monat Januar zu Paris, und die freie Luft des Ortes wehte in manche Strophe schärfer hinein als mir lieb war«, gab Heine im Vorwort dazu vor, wies aber damit auch den deutschen Leser auf die Freiheit anderenorts und fuhr seine Selbstzensur erwähnend fort: »Ich mußte mich dem fatalen Geschäfte des Umarbeitens nochmals unterziehen.« Erst dann konnte Campe die Gedichte den Überwachungsbehörden vorlegen und Heine konstatierte sarkastisch: »Neue Varianten und Ausmerzungen sind das Ergebnis dieser höheren Kritik.« Campe versuchte unter größter Geheimhaltung, die Exemplare der ›Neuen Gedichte‹ und den Sonderdruck von ›Deutschland, ein Wintermärchen‹ so schnell wie möglich an die deutschen Buchhändler auszuliefern, was dann zu Razzien und Beschlagnahmungen in den Buchhandlungen selbst führte.

Doch Heine träumte nach wie vor von einer Zukunft, in der

Zensur nicht mehr existierte und Selbstzensur nicht nötig wäre, wenn er im letzten Caput des ›Wintermärchens‹ eine Vision von den »warmen Sommertagen« der Dichtung entwirft:

> *Das alte Geschlecht der Heuchelei*
> *Verschwindet Gott sei Dank heut,*
> *Es sinkt allmählich ins Grab, es stirbt*
> *An seiner Lügenkrankheit.*
>
> *Es wächst heran ein neues Geschlecht,*
> *Ganz ohne Schminke und Sünden,*
> *Mit freien Gedanken, mit freier Lust –*
> *Dem werde ich Alles verkünden.*

Ende September schrieb Heine Karl Marx nach Paris, er bereite sich zur Abreise aus Hamburg vor, »beängstigt durch einen Wink von oben«, denn er habe keine Lust, »auf mich fahnden zu lassen, meine Beine haben kein Talent eiserne Ringe zu tragen, wie Weitling sie trug. Er zeigte mir die Spuren.«

Der Schneidergeselle Wilhelm Weitling, Revolutionär und oft erster Kommunist genannt, gehörte zu den ca. 30000 Arbeitern, die zwischen 1830 und 1848 nach Paris gekommen waren. Er war dort Mitglied im »Bund der Geächteten«, später »Bund der Gerechten«, der Auslandsorganisation revolutionärer Handwerkergesellen. 1841 ging er in die Schweiz, wurde von dort 1843 ausgewiesen und in Fesseln nach Preußen verbracht. Er sollte nach Amerika abgeschoben werden und suchte Heine auf dem Weg dorthin in Hamburg auf. Heine bat Marx, ein Vorwort zu einem Abdruck seiner Gedichte im ›Vorwärts!‹ zu verfassen, entschuldigte sich für sein wegen des Augenleidens »verworrenes Gekritzel« in dem Brief und fügte an: »Aber wir brauchen ja wenige Zeichen, um uns zu verstehen! Herzinnigst H. Heine.« Am 16. Oktober war Heine in Paris zurück. Er hatte, um jeder Gefährdung zu entgehen, in Hamburg wieder das Dampfschiff bis Amsterdam und erst dann den Landweg genommen und schrieb seiner Mutter:

»Ich bin gestern abend im besten Wohlsein bei meiner lieben Frau in Paris angekommen. Ich fand sie frisch und gesund, und hat

sie sich mit musterhaftem Gehorsam, ganz wie ich es ihr vorge-
schrieben, aufgeführt«, und da das so war, konnte er fortfahren:
»Wir sind beide noch wie betäubt von der Freude des Wiedersehens! Wir sehen uns mit großen Augen an, lachen, umarmen
uns, sprechen von Euch, lachen wieder, und der Papagei schreit
dazwischen wie toll. Wie froh bin ich, meine beiden Vögel wie-
derzuhaben.« Doch das Glück des Wiedersehens wich bald vieler-
lei Sorgen. Gut zwei Monate später musste er an Julius Campe
schreiben:»Seit zwei Tagen sitzt meine Frau wie ein Marmorbild
am Kamin und spricht kein Wort; das Unerhörte hat sie wie ver-
steinert.« Was war geschehen?

Am 23. Dezember 1844 war Onkel Salomon Heine gestorben,
mit dem Heine zehn Tage zuvor seinen 47. Geburtstag gefeiert
hatte. Der reiche Bankier hatte ihm bis dahin eine stattliche Pension gewährt. An seine Schwester Charlotte, die ihm die Todes-
nachricht brieflich übermittelt hatte, schrieb der Bruder: »Dieser
Mann spielt eine große Rolle in meiner Lebensgeschichte«, und er
werde sie auch noch nach seinem Tod spielen. »Welch ein Herz!
Welch ein Kopf! Über seine letzten Verfügungen bin ich längst
ohne Besorgnisse; er hat mir selbst genug davon gesagt«, hatten
sie doch gerade noch in Hamburg miteinander gegessen, getrun-
ken, gefeiert und eben auch gesprochen. Heinrich Heine konnte
damit rechnen, nun viel zu erben und sorglos zu leben. Doch er
hatte sich getäuscht. Die Bestürzung war immens. Als nämlich das
Testament eröffnet wurde, war aus der Erbmasse von geschätzten
30 Millionen für ihn nur eine relative bescheidene Einmalzahlung
von 8000 Mark vorgesehen und keine Fortzahlung der Rente. Sein
Vetter Carl teilte ihm mit, er wolle jene Summe einbehalten, anle-
gen und ihm nur eine verminderte Rente daraus und aus den Zin-
sen bewilligen. Er forderte aber, »nie im Leben hast Du Ansprüche
darauf zu machen«, knüpfte sie noch an Bedingungen, dass Heine
nämlich in seinen weiteren Veröffentlichungen über die Familie
Stillschweigen wahren solle.

Das war für Heinrich Heine Verrat, hatte er doch den Vetter
nicht nur geliebt, sondern ihm auch noch in Cécile-Charlotte Fur-
tado aus dem gleichnamigen Pariser Bankhaus eine gute Partie
vermittelt. Er schrieb gar an Joseph Hermann Detmold: »Ich war

einst der Liebhaber seiner Frau und habe die Partie gemacht. Es ist eine mystische Geschichte«, ob sie nun wahr oder nicht wahr war, jedenfalls: »Der Verrat, der im Schoße der Familie, wo ich waffenlos und vertrauend war, an mir verübt wurde, hat mich wie ein Blitz aus heiterer Luft getroffen und fast tödlich beschädigt; wer die Umstände erwägt, wird hierin einen Meuchelmord sehen«, so stellte er in einem Brief an Varnhagen eine shakespearehaft tödliche Familientragödie dar. Campe kündigte er dramatisch an, er beginne nun einen »Todeskampf«.

Sicherlich hat der Erbschaftsstreit, der über zwei Jahre dauerte, der Krankheit Heines einen weiteren Anschub gegeben, zumal er alle Energie des Dichters beanspruchte, der die deutsche Presse einschaltete, ferner Varnhagen, seinen jungen Freund Lassalle, Heinrich Laube, Meyerbeer und Alexander von Humboldt. »Gott und die Welt« solle, wie er an Campe schrieb, Partei für ihn nehmen. Doch auch eine von ihm selbst entfachte Pressekampagne gegen seinen Vetter lief ins Leere, zumal diesen die öffentliche Meinung nicht zu kümmern schien: »Carl Heinen ist es ganz gleichgültig, was die Leute reden. Er hat nur drei Leidenschaften: Die Weiber, Zigarren und Ruhe. Wenn ich die Hamburger Freudenmädchen gegen ihn aufwiegeln könnte, müßte er bald nachgeben.« Nach zwei Jahren gab Carl Heine auch ohne diesen Aufstand der Freudenmädchen nach. Er besuchte seinen Pariser Vetter Heinrich und gewährte ihm ab Februar 1847 wieder die ursprüngliche Rente. »Mit Carl Heine bin ich ganz aufs Reine, ja, ich bin sogar sehr zufrieden mit ihm«, berichtete Heinrich der Mutter und der Schwester Charlotte nach Hamburg. Sein Vetter hatte sogar für den Fall des Todes zugesagt, Heinrichs Witwe Mathilde eine lebenslange Pension auszusetzen, wozu der Ehemann scherzte: »Zwar ist noch eine große Frage, ob die Katze mich überlebt.« Er schloss den Brief mit der Ermutigung: »Ich sehe einem angenehmen Frühling und Sommer entgegen.« Doch so rosig war die Zukunft nicht.

Heines Leben ist das eines kränklichen Menschen von früh an. Dabei bedingten bei ihm oft körperliche Leiden und seelische Verstimmungen einander, das eine löste das andere aus und umgekehrt. Aufgrund seiner vielfachen körperlichen Beschwerden hatte

er ja schon seinem Bruder Maximilian gegenüber von seinem gehetzten Leben gesprochen, das bei ihm frühzeitig, nämlich seit
seinem vierzigsten Jahr, eine Lebenskrise und eine Altersschwäche
ausgelöst hätte. Nun aber im 50. Lebensjahr gewann die Krankheit
Heine immer mehr. Er konnte sich ihrer kaum mehr erwehren, so
dass er dem jungen deutschen Gelehrten Moritz Carrière sarkastisch anvertraute, seine Konstitution sei noch schlechter als die
preußische Verfassung. Seit der Jugend litt Heine an Kopfschmer-
zen, nannte sich einen »kopfschmerzigen Menschen« und ertrug
Lärm nur schwerlich, beschwerte sich häufig über den Krach, der
in seiner Wohnung und auf den Straßen von Paris herrschte, ja,
wollte nicht auf dem Friedhof Père Lachaise begraben werden,
weil es dort zu laut sei. Schon kurz nach seiner Übersiedlung nach
Paris hatten sich Lähmungserscheinungen in den Fingern und im
Arm bemerkbar gemacht. Zudem trat ein Augenleiden auf, das ihn
zeitweise kaum sehen ließ, sodass er weder lesen noch schreiben
konnte, gelegentlich diktieren musste.

Als 1846 eine Leipziger Zeitung fälschlich Heines Tod meldete,
schrieb er an Laube von seiner »ruhig fortschreitenden Krankheit«, nicht ahnend, dass sie ihn knapp zwei Jahre darauf heftig
niederwerfen sollte. Noch konnte er sich über sich selbst und
seine Krankheiten mokieren. Im vierzigsten Lebensjahr war er
plötzlich dick geworden, so dass der Arzt, Kunstkritiker und Dichter Wolfgang Müller von Königswinter ihn folgendermaßen schilderte: »Er sah eher einem behäbigem Geschäftsmann wie einem
Poeten ähnlich... Sein ziemlich fettes Gesicht mit den kleinen Augen, sein etwas feister Leib und seine durchaus nicht reizenden
Bewegungen verleugneten eher die leichte, neckische, übermü-
tige Psyche, die dieses Gefäß zur Wohnung erkoren hatte.« Knapp
zehn Jahre später war er so abgemagert, dass er makaber scherzend
an Caroline Jaubert schrieb: »Ich meinerseits habe mich zum Ske-
lett verschönert. Die hübschen Frauen drehen sich um, wenn ich
durch die Straßen gehe; meine geschlossenen Augen (das rechte
Auge ist nicht mehr als ein Achtel geöffnet), meine hohlen Wangen, mein fiebriger Bart, mein wankender Gang, all das verleiht
mir das Aussehen eines Sterbenden. Das macht mich hinreißend!
Ich versichere Ihnen, ich habe jetzt großen Erfolg als Todkranker;

ich esse Herzen, aber ich kann sie nur nicht verdauen. Ich bin jetzt ein sehr gefährlicher Mann.« In Erinnerung an die Principessa Belgiojoso und ihre damalige Weigerung, ihn zu erhören, endete er boshaft: »Sie werden sehen, wie sich die Marquise Christine Trivulzio in mich verlieben wird. Ich bin genau das Totengerippe, das sie braucht«, und spielte dabei an auf ihre nekrophilen Fantasmen.

Heine kokettierte häufig mit seiner Krankheit, schrieb und sprach von seinen Gebrechen, gab an, er sei todkrank und feierte an demselben Abend in einem Restaurant mit seinen Pariser Freunden. »Meine Meinung geht dahin, daß ich nicht mehr zu retten bin, dass ich aber noch eine Weile in einer trübsinnigen Agonie mich hinfristen kann.« Dennoch lud er umgehend zwölf Personen zu einem Diner ein, ein anderes Mal Balzac zu einem intimeren Mahl, war Gast bei den Rothschilds zu einer Galasoirée, genoss das Pariser Leben, besuchte die Oper, die Börse und die Caféhäuser, fuhr aufs Land nach Montmorencey im Val d'Oise, wo einst Rousseau sechs Jahre lang gelebt hatte, mietete sich für den Sommer in einer »wunderschönen Landwohnung« ein, »pflegte dort seine Gesundheit« und vergnügte sich mit den Schriftstellerfreunden Theophile Gautier und Alphonse Royer, die ihre Maitressen in die Sommerfrische mitgebracht hatten, wie Heine seine Frau Mathilde, die »dabei so lustig wie eine Meerkatze« war. Letzte Tänze vor dem Abgrund? Dem der Revolution und dem des Lebens?

Im Januar 1848 lernte Heinrich Heine Friedrich Engels kennen, der in Paris zu Besuch war. Karl Marx, der im Café de la Regence am Palais Royal im August 1844 mit Engels die Freundschaft seines Lebens, eine überaus folgenreiche für die gesamte Geschichte des 19. und 20. Jahrhunderts, geschlossen hatte, war schon im Januar 1845 aus Frankreich ausgewiesen worden. Da hätte er liebendgern seinen Freund Heine im Gepäck mitgenommen, soll er gesagt haben. Der sollte nämlich ebenfalls des Landes verwiesen werden, konnte aber in Paris bleiben. Er hatte seine Beziehungen zu den französischen Ministerien spielen lassen und konnte auch nicht ausgewiesen werden, da er in Düsseldorf zur Zeit der dortigen Napoleonischen Herrschaft geboren war und als ehemaliger französischer Untertan galt. So konnte Heinrich Heine in der Stadt an der Seine bleiben in einem nun nicht mehr freiwilligen Exil. Bei Grenzübertritt nach Deutschland wäre er verhaftet worden. Er wurde per Steckbrief gesucht: »Heine, Schriftsteller, 50 Jahre alt, mittlerer Größe, Nase und Kinn hervorstechend, Typ erkennbar Jude, ausschweifenden Lebenswandels, dessen erschlaffter Körper Zerrüttung aufweist.«

Marx, Arnold Ruge, der Mitherausgeber der ›Jahrbücher‹, und mit ihnen viele andere europäische Revolutionäre hatten das Land verlassen müssen. Der ›Vorwärts!‹ war vom französischen Innenministerium verboten, sein Herausgeber Karl-Ludwig Bernays verhaftet worden. Paris als Stadt der unbedingten menschlichen Freiheit und des sorglosen Exils gab es nicht mehr. Es erfüllte nicht mehr die kosmopolitische Mission, von der Ruge einst gesprochen hatte. Paris müsse von den deutschen Philosophen gereinigt werden, soll König Louis Philippe ausgerufen haben und konnte seinen eigenen Sturz wenig später doch nicht verhindern. Nach Paris wurde nun London die europäische Hauptstadt des Exils.

Alle Maßnahmen der Regierung und des »Bürgerkönigs«, der schon lange das Vertrauen der Bürger und des einfachen Volkes verloren hatte, vermochten nicht, die Unzufriedenheit und das revolutionäre Gebrodel zu beschwichtigen. Im Jahr 1847 kam dazu eine wirtschaftliche Rezession, die die Lage der Arbeiter, Handwerker, Kleinhändler und der Börsenspekulanten rapide verschlechterte. »Ça ira« sang man wieder auf den Straßen und gar im Theater, das Lied der Revolution von 1789. Und bald ging es los, ausgerechnet in den Tagen, als Heinrich Heine in der Klinik seines Freundes Louis-Gregoire Faultrier in der Rue de Lourcine lag, um sich behandeln zu lassen. »Augen sehr matt«, schrieb er.

Der kranke Mann an der Seine

Das Jahr 1848 sollte zum Unglücksjahr in Heinrich Heines Leben werden. »Nichts als Schrecken und Beholes«, teilte er schon Anfang des Jahres nach Hamburg mit. Paris hatte ihn zum Leben und zur Liebe befreit. Nun wurde es zu einem Ort des Leidens. Ein Traum verwandelte sich in einen Alptraum. »Der Spektakel hat mich physisch und moralisch sehr heruntergebracht«, schrieb er an seine Mutter und meinte damit die Februartage, als die Revolution losbrach. Wenige Wochen später nur musste er Eduard Marquis de Lagrange mitteilen: »Meine Beine haben den Sturz des Königtums nicht überlebt und ich bin jetzt ein Krüppel.« Der Dichter war gelähmt für den kargen Rest seines Lebens von noch acht Jahren. Wie begeistert war Heine durch Paris gewandert, wie leidenschaftlich hatte er die Caféhäuser, Restaurants, Theater und Museen der Stadt besucht, wie gern hatte er den Schauspielerinnen nachgestellt, Passantinnen nachgeschaut, in den Passagen und Straßen, auf den Boulevards. Nun lag er unbeweglich in seinem Bett oder saß in einem Sessel, musste durch die Wohnung getragen werden, konnte noch nicht einmal aus dem Fenster seines Hinterhauses auf die Straßen schauen, über die er vor kurzem ja noch flaniert war. »Es ist sehr hart, auf einer Matratze festgenagelt zu sein, wenn alle Welt auf den Beinen ist und alle Dinge im Fluß sind«, klagte er Jean Jacques Dubochet und erinnerte ihn daran, dass Dubochet es gewesen war, der ihn an seinem ersten Tag in Paris vor achtzehn Jahren begrüßt und durch die Straßen der Stadt geleitet habe.

Heinrich Heine litt bitterlich an dieser Höchststrafe, die das Leben für einen begeisterten Flaneur bereithält – sich nicht mehr bewegen zu können. Und er litt an der Revolution, fast so, als trüge sie eine Mitschuld an seinem persönlichen Unglück. Schließlich hatte sie doch die seiner Meinung nach bestmögliche Welt aller

Welten auf der Erde, eine aufgeklärte Monarchie mit einem Bürgerkönig als Souverän, in nur wenigen Februartagen hinweggefegt.

Heine hatte diese Staatsform und mit ihr König Louis Philippe
immer wieder idealisiert, nannte ihn einen König des Friedens, natürlich auch, weil er ihm in Paris selbst Frieden gegeben hatte: »Er
gab den Franzosen achtzehn Jahre Frieden und Freiheit. Ludwig
Philipp war leutselig und gutherzig, Grausamkeit, Blutvergießen
war ihm zuwider... Der Ölzweig war sein Szepter; er war sozusagen ein persönlicher Feind des Krieges.« In der Tat garantierte
die ausgleichende Politik des Königs und die des Finanzkapitals
in diesen achtzehn Jahren äußeren Frieden. Heine hatte gewiss
auch bemerkt, dass sich der Bürgerkönig immer weiter von den
Bürgern, also vom Volk, entfernte und bald nur noch eine Marionette in den Händen der Finanzwelt und einiger weniger mit ihr
verbundener Politiker war, die den Staat immer korrupter und
selbstherrlicher führten, während das Volk dramatisch verarmte.
Das hatte den inneren Frieden gefährdet und schließlich die Revolution herbeigeführt. Nur, das hatte er zwar geahnt, aber häufig
verschwiegen, selbst in seinen Korrespondentenberichten nach
Deutschland. Klammerte er sich an die alte Welt, weil er Nutznießer dieses Staates war, durch seine Pension, und weil er, wenn
auch in bescheidenem Umfang selbst, an Aktienspekulationen
teilnahm?

Heines Welt jedenfalls brach in wenigen Tagen zusammen,
während er sich in einem Pariser Krankenhaus zur Kur aufhielt. Er
fand ein dramatisches Bild dafür, wenn er erzählt, wie er kurzzeitig
aus dem Krankenhaus mit der Kutsche nach Hause in den Faubourg de Poissonnière fuhr, um alltägliche Dinge zu erledigen und
mit seiner Frau zu essen, und dabei in heftige Straßenkämpfe geriet. Die Kutsche, die ihn zurückbringen sollte, wurde umgestürzt
und zum Barrikadenbau verwendet. »Nur mit knapper Not konnte
ich mich wieder nach meiner Behausung bringen.« Diese »Universalanarchie«, wie er die Revolution nannte, zeitigte Folgen. Wenige
Tage später schrieb er an die Mutter: »Ich bin so entmutigt, wie ich
es nie war. Will jetzt ganz ruhig leben und mich um nichts mehr
bekümmern. Wir leben still und von der Welt abgesondert.«

Heine wird sich nach der Revolution und in den Jahren der Krankheit zwangsläufig von der Welt absondern müssen. Er wird sich aber auch vermehrt der Dichtung zuwenden, will »wegflüchten in den unvergänglichen Frühling der Poesie«, vertraute er Alfred Meissner an, gab indes zu bedenken: »Wenn ich nur nicht so krank wär.« In den ›Schöpfungsliedern‹ wird er jedoch voller Einsicht schreiben: »Krankheit ist wohl der letzte Grund/ Des ganzen Schöpfungsdrangs gewesen.« Heine krankte nicht nur an seinem Körper, er krankte am Dasein und auch an einer verlorenen Welt, die 1848 mitten in Paris für ihn untergegangen war.

»Weltkuddelmuddel« in Paris

Selbst wenn es schon im Januar 1848 in Palermo zu einer Revolte des Volks gegen seine Herren gekommen war, so ging doch das Signal für den revolutionären Aufruhr in Europa von Paris aus. Die Stadt war und blieb die Hauptstadt der Revolution. Ende der 40er Jahre spürte fast jeder, dass es bald zu einer gewalttätigen Explosion des Volkszorns kommen würde. Paris hatte einige Jahre lang in einem Rausch gelebt und dabei aber auch über seine Verhältnisse, in denen die Reichen immer reicher und die Armen immer ärmer wurden. Delphine de Girardin, eine Schriftstellerin, die sich mit Gedichten, Romanen und Theaterstücken einen Namen gemacht hatte, publizierte im Juli 1847 in der Zeitung ›La Presse‹ einen Siebenzeiler: »Der Horizont verdunkelt sich/ Die Gefahr lauert schon ganz nah/ Unausweichlich ist die Krise/ Wir feiern die Feste auf dem Vulkan/ Am Vorabend großer Ereignisse leben wir und/ Münden kann das nur in Revolution/ Wir leben im Jahr 1830, in 92, in 89.«

Die Rezession, die von 1845 an die Wirtschaft des Landes in eine Krise stürzte, war begleitet von zwei Jahren der Missernten. Die Preise für Kartoffeln und Brot explodierten. Der Brotpreis war schon immer gut für eine Revolution gewesen. Im Winter 1845/46 erhielten bereits 450 000 Tausend Franzosen einen »Bon de Pain«, mehr als doppelt soviele als in den Jahren zuvor. Mit diesem Bezugsschein konnten sie sich einreihen in die Schlangen vor den Bäckereien, wo natürlich heftig politisiert wurde und man den König mitsamt seiner Regierung zum Teufel wünschte. Der Bürgerkönig, der 1830 in den Arbeitervierteln von Paris Händeschütteln ging, traute sich kaum noch in die Hauptstadt aus Angst davor, beschimpft und bespuckt zu werden, und blieb zumeist auf seinem Landsitz in Saint Cloud. Aber als seine Söhne und der Präfekt der Seine-Region, der Comte Philibert Barthelot de Rambuteau, ihn vor einer Revolution, die ihn stürzen würde, warnten, soll er ihnen immer wieder geantwortet haben: »Ich sitze fest im Sattel.«

Nicht nur der König verharrte in einer Arroganz, die die eigene Schwäche übertünchen sollte, sondern auch seine Minister und Regierungschef Guizot, dem Heine so viel zu verdanken hatte. Guizot wehrte alle Einwände gegen seine Politik mit verächtlicher Gestik ab, wie ein Zeitgenosse beobachtete, der ihn dabei mit einem Matador verglich, der einen Stier mit einem roten Tuch reizte. Zudem soll er unter dem Einfluß einer Frau gewesen sein, der Fürstin Lieven, der früheren Maitresse Metternichs, bei der er die Nächte verbrachte, und die bei Tag in seinem Büro saß und Politik machte. Guizot hatte ihr, wie der Comte Rodolphe Apponyi berichtete, einen eigenen Sessel bauen lassen. Mehrere Korruptionsaffären hoher Beamter und Minister belasteten die Monarchie zudem und wurden zu Klatschgeschichten der Pariser Presse. Sie wurden gelegentlich gar begleitet von Selbstmorden und Morden. So etwa ermordete der Duc de Praslin seine Frau wegen einer Gouvernante und entzog sich der Strafe durch Selbstmord. Die Politiker versuchten, Journalisten zu bestechen, Abgeordnete zu kaufen oder mit ertragreichen Posten zu ködern, um sich an der Macht zu halten, doch nichts konnte den Verfall der politischen Autorität aufhalten.

Am 22. Februar 1848 bei prasselndem Regen löste eine erste Demonstration die Revolution aus. Das Volk von Paris war in die Viertel der Reichen geströmt und zog von der Place de la Concorde die Champs-Élysées hoch, sang die Marseillaise und ›Ça ira‹. Und es ging sofort los. Man fällte Bäume, stürzte Kutschen um und errichtete Barrikaden, riß Pflastersteine heraus und bewarf mit ihnen die Soldaten, deren Anzahl im Jahr zuvor, da die Regierung befürchtete, was nun eintraf, auf 37 000 in ganz Paris erhöht worden war. Aber nach diesem ersten Warnzeichen gingen alle noch einmal schlafen. Am Tag darauf folgte der König dem Rat seiner Frau und seines Sohns und entließ Guizot. Er konnte damit den Volkszorn jedoch nicht besänftigen, auch wenn man auf den Boulevards, wo man wieder flanierte, der Ansicht war, damit habe der Aufstand ein Ende, er sei nur ein kurzer Spuk gewesen. Doch man täuschte sich. Die Zeitungen riefen den König auf, ins Exil zu gehen, und so sollte sich bewahrheiten, was Chateaubriand schon zu Beginn des Jahrhunderts wusste, dass nämlich die konstitutionelle Monarchie, die durch die Presse begründet wurde, von ihr auch wieder verjagt werde. »Gelegentlich hatte ich ... das Talent zu bewundern, das die Franzosen beim Bau ihrer Barrikaden bekunden. Jene hohen Bollwerke und Verschanzungen, zu deren Anfertigung die deutsche Gründlichkeit ganze Tage bedürfte, sie werden hier in einigen Minuten improvisiert, sie springen wie durch Zauber aus dem Boden hervor«, berichtete Heine einen Monat später nach Deutschland, »die Franzosen sind das Volk der Geschwindigkeit.«

Am 24. Februar zählte die Staatsmacht 1512 Barrikaden auf den Straßen von Paris. Nach und nach und Arrondissement für Arrondissement eroberten die Aufständigen die Stadt, zerstörten den Palais Royal, wo der König aber schon lange nicht mehr residierte, hängten und verbrannten bei lebendigem Leib seine Soldaten, und die Staatsmacht, die in ihrem Ordnungssinn gerade noch die Barrikaden aufgelistet hatte, war keine mehr. Selbst Balzac soll bei den Plünderungen zugegen gewesen sein, aber nur, weil er sich in seiner Sammlerleidenschaft und in seiner Eigenschaft als glühender Royalist Insignien königlicher Pracht sichern wollte. Louis Philippe floh unrasiert, ohne Papiere und ohne Perücke, ein schwarzes Seidentaschentuch um den Kopf gebunden, in die Normandie, nannte sich Mr. Smith und nahm mit seiner Frau das Schiff nach England. »Armer Ludwig Philipp! In so hohem Alter wieder zum Wanderstab greifen! Und in das nebelkalte England, wo die Konfitüren des Exils doppelt bitter schmecken«, bedauerte Heine, der Exilant in Paris, den anderen Exilanten. Die Republik wurde installiert, und an ihrer Spitze stand unter anderen ein Dichter, Alphonse de Lamartine, der dem deutschen Dichter bald die Staatspension streichen sollte.

»Weltkuddelmuddel« nannte Heinrich Heine die Revolution von 1848 und sparte nicht mit weiteren Schandnamen für das Ereignis, das vehement in sein Leben eingriff: »Universalanarchie, Weltrevolutionsgepolter, Februarmärchen, Gotteswahnsinn.« Seiner Mutter teilte er mit: »Du hast keinen Begriff davon, welche Misere jetzt hier herrscht. Die ganze Welt wird frei und bankrott«, und seiner Schwester berichtete er gar von einer Art Weltuntergang: »Hier in

Paris sieht es sehr schlecht aus, und es ist ein Jammer, anzusehen, wie die Welt ruiniert ist.« In der Tat ging Heines Welt in diesen wenigen Tagen unter. Die Revolution von 1830 hatte ihn begeistert, war ihm der Anlass gewesen, nach Paris zu gehen.

Man hat die Julitage von 1830 auch die literarischste aller Revolutionen genannt. Viele Schriftsteller waren an ihr beteiligt und sie profitieren auch von der ihr folgenden Ordnung und dem wirtschaftlichen Aufschwung, den das Zeitungs- und Buchgewerbe erlebt hatte. Nun aber konstatierte Heine: »Besonders die Künstler und gar die Dichter müssen jetzt verhungern.« Obwohl sich mit Alphonse de Lamartine ein Dichter an die Spitze der Februarrevolution gesetzt hatte, waren die treibenden Kräfte andere, nämlich die Handwerker und die Arbeiter, die aber binnen kurzem auch wieder ausgeschlossen werden sollten von der Macht in Paris, und zwar grausam. Über Nacht.

Doch erst einmal hatte sich die schon vor einiger Zeit geäußerte Furcht Heines vor dem Proletariat bewahrheitet. Er sah bei diesem Teil der Bevölkerung weder Sinn für Dichtung noch für Ordnung, bekannte als Bürgerssohn seinen Horror vor dessen »dämonischen Freveltönen«, nannte es »staatsgefährliches Gedankengesindel«, das nun gesiegt habe. »Sehr oft steigt mir der Wunsch auf, Paris zu verlassen«, vertraute er seiner Schwester Charlotte in Hamburg an, »und mich auf immer wieder bei Euch einzupferchen oder vielmehr einzuferkeln«, doch sogleich fügte er an: »Aber es geht nicht, da meine Frau kein Deutsch spricht; ohne sie wär aber das Leben doch nicht möglich, wenigstens nicht behaglich.«

Wenige Wochen nach der Februarrevolution hatte also Lamartine dem deutschen Dichter die Pension des französischen Staats entzogen. Heine dramatisierte diesen Vorgang noch, wenn er schrieb: »Das ist unglaublich, aber dennoch einen Tatsache, und diese Tatsache wird von der berühmten Märtyrergeschichte, die den Namen deutsches Dichterleben führt, schmerzlich verzeichnet werden.« Heine verarmte nun aber nicht. Zwar hatte er neben der Gesundheit die Staatspension und einige Aktienwerte verloren, er erhielt aber weiterhin Geld von der Familie und von seinem Verleger. Peinlich wurde es für ihn aber, als im April die Flugblatt-Zeitschrift ›Révue Retrospective‹ eine Liste des Geheimfonds veröffentlichte, auf der eben auch sein Name mit der Höhe der staatlichen Zahlungen auftauchte. Die deutsche Presse nahm das genüsslich auf, meldete die Tatsache, dass Heine für den französischen Staat gearbeitet hatte, und selbst die ›Augsburger Allgemeine Zeitung‹, für die er ja als Korrespondent tätig war, druckte diese Liste in Auszügen ab und kommentierte: »Wenn Heine solche Geldunterstützung erhielt, so geschah es wohl mehr für das, was er nicht schrieb.« War Heine nun Teil des staatlichen Korruptionssystem gewesen, das diesen schützen und seine Protagonisten stützen sollte?

Der Dichter hatte sich in seinen Berichten in der Tat mit Kritik an der Regierung Guizot und der seines Vorgängers Thiers zurückgehalten, beide zuweilen gar gelobt, wobei ungeklärt bleiben wird, ob das nun auf deren Zahlungen an ihn zurückzuführen ist oder es der grundsätzlich positiven Einstellung zu dem Regierungssystem des Bürgerkönigs zuzurechnen ist. Jedenfalls war Heine schwer getroffen von dem Vorwurf, er sei käuflich gewesen, nannte es eine Verleumdung »der gehässigen Art« und rechtfertigte sich: »Nein, die Unterstützung, welche ich von dem Ministerium Guizot empfing, war kein Tribut; sie war eben eine Unterstützung, sie war – ich nenne die Sache bei ihrem Namen – das große Almosen, welches das französische Volk an so viele Tausende von Fremden spendete, die sich durch ihren Eifer für die Sache der Revolution in ihrer Heimat mehr oder weniger glorreich compromittirt hatten und an dem gastlichen Herde eine Freistätte suchten.« Weiter verwies er darauf, dass er sie erst erhalten hätte, nachdem seine Schriften in Deutschland verboten wurden, womit er seiner »Erwerbsmittel beraubt« worden sei. Voller Pathos appellierte er an den Beistand der poetischen Gerichtsbarkeit: »Nur vor den Assisen der Literaturgeschichte kann ich gerichtet werden.«

Schon 1840 war Heine von der Pariser Presse verdächtigt worden, der Regierung Thiers zuzuarbeiten, und wand sich schon damals mehr oder weniger geschickt und kaum überzeugend aus der Affäre: »Ich lobte nie Herrn Thiers als Minister ... Nur dem Talente des Herrn Thiers zollte ich unbedingtes Lob ... Ich war immer der Hüfling seines Genies, nie seiner Person, um die ich mich wenig kümmerte.«

Immerhin erhielt »Höfling« Heine in acht Jahren 37 600 Francs, eine wahrhaft stattliche Summe, womit er mit an der Spitze der Empfänger der »Almosen« des Staats stand. Sechs Jahre später sprach sich Heine nochmals selbst frei von dem Verdacht, bestochen gewesen zu sein. In ›Retrospektive Aufklärung‹ schrieb er: »Heute, wo alle Rücksichten erloschen, ist es mir erlaubt, noch viel tatsächlicher darzutun, dass ich weder für das, was ich schrieb, noch für das, was ich nicht schrieb, vom Ministerium Guizot bestochen sein konnte. Für Menschen, die mit dem Leben abgeschlossen, haben solche retrospektive Rechtfertigungen einen sonderbar wehmütigen Reiz, und ich überlasse mich demselben mit träumerischer Indolenz.« Zu einer solchen gespielten, träumerischen Gelassenheit war Heine allerdings in den ersten Monaten 1848 nicht imstande. Vielmehr erregten und kränkten ihn die Vorwürfe wie die ganze Revolution derart, dass seine Krankheit, die schon in ihm wohnte, nun verheerend ausbrach. Er schrieb seiner Schwester, dass »die Revolution und mein plötzliches Lähmungsunglück alle meine weltlichen Angelegenheiten in grenzenlose Verwirrung gebracht haben ... Alles ist verwebt mit dem Ursprunge meiner Krankheit, die aus einer Erschütterung entstand.« Er verwies dem Bruder Gustav in Wien gegenüber selbst in der Krankheit auf seine Außerordentlichkeit hin, »wie sie vielleicht wenig Menschengemüter auf dieser Welt erlebt haben.«

»Es war im Mai 1848, an dem Tage, wo ich zum letzten Male ausging, als ich Abschied nahm von den holden Idolen, die ich angebetet in den Zeiten meines Glücks. Nur mit Mühe schleppte ich mich bis zum Louvre, und ich brach fast zusammen, als ich in den erhabenen Saal trat, wo die hochgebenedeite Göttin der Schönheit, unsere liebe Frau von Milo, auf ihrem Postamente steht. Zu ihren Füßen lag ich lange, und ich weinte so heftig, dass sich dessen ein Stein erbarmen musste. Auch schaute die Göttin mitleidig auf mich herab, doch zugleich so trostlos, als wollte sie sagen: siehst du denn nicht, dass ich keine Arme habe und also nicht helfen kann?«

So poetisierte Heinrich Heine melodramatisch sein Unglück im Nachwort zu dem Gedichtband ›Romanzero‹. In der Tat, niemand wird dem Dichter mehr helfen können, weder die Venus von Milo noch Mathilde noch irgendein Arzt. »Das Traurige ist eben, daß ich am Leben bleibe«, vertraute er seiner Schwester Charlotte an, fühlte sich, obwohl am »Herz gesund, fast lebenssüchtig, lebensgierig gesund«, jedoch »wie lebendig begraben«. Heine litt nicht nur an der Lähmung, die ihn seit den letzten Maitagen des Jahres 1848 für immer an Bett oder Sessel fesseln sollte, seine Schmerzen wurden zudem unerträglich, sodass sie nur mit Morphiuminjektionen gedämpft werden konnten, die aber auch seinen Geist einnebelten. Und doch wird er um das bisschen Leben weiter kämpfen, und er wird dichten, seine Klagen.

Lamento

Nun, da Heinrich Heine sein Leben unbeweglich im Bett verbringen musste, wünschte er erstmals ernsthaft, Paris zu verlassen und nach Deutschland zurückkehren zu können, zu seiner Familie nach Hamburg, zu Mutter und Schwester. Doch nicht nur der Umstand, dass seine Frau Mathilde kein Deutsch sprach, er war auch nicht mehr transportfähig, obwohl die Eisenbahnen doch die Reise nach Hamburg »zu einem wahren Katzensprung« machten. »Der Raum existiert nicht mehr«, stellte er zu den neuartigen Verkehrsmitteln fest, aber selbst ein Katzensprung war für Heine zu viel geworden. So also suchte er sich einzurichten in Paris, um den Rest seines Lebens in den vier Wänden zuzubringen, in seiner »Matratzengruft zu Paris«, wie er im Nachwort zu ›Romanzero‹ sein Krankenlager nannte, »wo ich früh und spät nur Wagengerassel, Gehämmer, Gekeife und Klaviergeklimper vernehme. Ein Grab ohne Ruhe«.

Kurz nach der Februarrevolution war er in den Frühlingstagen von 1848 aufs Land gezogen, nach Passy, heute Teil der Stadt Paris, in ein Gartenhaus der Grande Rue. »Villa Dolorosa« wird er es in einem Brief an Caroline Jaubert nennen, denn hier überfiel ihn die völlige Lähmung des Körpers, und er schrieb an Campe, »werde wie ein Kind getragen«, sei aber zugleich »geistig stark, geweckt, ja geweckt, wie ich es nie zuvor gewesen«. Aus Passy teilte er im September dem Verleger mit, weder er noch die Ärzte wüssten, woran er wäre, was seine Krankheit sei und was sie bedeute. Er war sich aber über Folgendes im Klaren: »Wenn ich auch nicht gleich sterbe, so ist doch das Leben für mich auf immer verloren.« Im letzten Gedicht des Zyklus ›Lamentationen‹ nannte er sich ein »Enfant perdu.«

> *Verlorner Posten in dem Freiheitskriege*
> *Hielt ich seit dreißig Jahren treulich aus.*
> *Ich kämpfte ohne Hoffnung, daß ich siege,*
> *Ich wußte, nie komm ich gesund nach Haus.*

Und die letzte Strophe zieht das Fazit:

> *Ein Posten ist vakant! – die Wunden klaffen –*
> *Der eine fällt, die andern rücken nach –*
> *Doch fall ich unbesiegt, und meine Waffen*
> *Sind nicht gebrochen – Nur mein Herze brach.*

Heine, das für das Leben nun verlorene Kind, schrieb weiter an Campe: »Und ich liebe das Leben doch mit so inbrünstiger Leidenschaft. Für mich gibt es keine schönen Berggipfel mehr, die ich erklimme, keine Frauenlippe, die ich küsse, nicht mal mehr ein guter Rinderbraten in Gesellschaft heiter schmausender Gäste.« Ein Unleben nannte er das.

Mathilde Heine hatte eine neue Wohnung in Paris gesucht und gefunden, in der Rue d'Amsterdam. »Bis jetzt hat mich das Unglück immer verfolgt in jeder Wohnungsveränderung.« Auch das Domizil in der Rue d'Amsterdam sollte nicht das letzte sein. Dort gefiel es ihm zwar besser als in den vorigen Wohnungen, doch besaß die Wohnung den Nachteil, dass sie zu klein war. »Ein Übelstand, der mich nötigt, an dem ganzen Haushaltungsspektakel teilzunehmen«, ein für einen Dichter kaum inspirierender Zustand, aber: »Meine Frau ist ein herrliches, holdseliges Weib, und wenn sie eben nicht zu laut zackelt, so ist ihre Stimme ein tönender Balsam für meine wunde Seele.«

Einen Vorteil indes hatte die neue Wohnung, lag sie doch an der Straße, die hinauf zum Montmartre führte, geradewegs hin zu dem Friedhof, wo er begraben werden wollte, denn am Père Lachaise im Osten der Stadt war es dem Dichter zu laut. Zudem lag der Friedhof von Montmartre, nördlich der Boulevards, näher den Orten seines Pariser Lebens, das er siebzehn Jahre lang so genossen hatte. Doch schon elf Monate später nannte Heine gegenüber seinem Bruder Maximilian die neue Wohnung »ein stinkendes Loch, sehr lärmig, was meinem Nervenzustand wenig zuträglich ist, und das ich leider aus übertriebener Ökonomie gewählt habe«. Und so wird er bald wieder eine neue Behausung suchen lassen.

Da Heine sich dem Tode nahe fühlte, wollte er seinem Lebenswerk in steter Unrast nicht nur noch weitere Gedichte hinzufügen, sondern es in einer Gesamtausgabe veröffentlicht sehen, diese noch vor seinem Tod in den Händen halten können. Und so kämpfte er. Anfang Juni entwarf er einen Plan, der achtzehn Bände vorsah und womit er zugleich für sich einen Rückblick auf sein Schaffen warf. Er kündigte an, er werde darin »noch die letzten verifizierten Blutstropfen meiner Muse einfließen lassen«. Doch zu seiner Verzweiflung hörte Heine für den Rest des Jahres nichts von Julius Campe. Im Januar 1849 drängte er ihn, mit dem Druck der Gesamtausgabe endlich zu beginnen, gab vor: »Die Tagesereignisse haben den Sukzeß unserer Gesamtausgabe gewiß sehr vorgearbeitet, und wie ich aus guten Quellen weiß, ist mein Name in Deutschland noch populärer geworden.«

Doch Campe schwieg und so schrieb Heine Ende April erneut: »Ich bin sehr krank und bei längerer Zögerung ist es nicht mehr als wahrscheinlich, daß ich den Druck nicht erlebe.« Er wies darauf hin, dass er weitere Gedichte in den Krankheitsmonaten geschrieben habe: »Nur zwei Tröstungen sind mir geblieben und sitzen kosend an meinem Bette: meine französische Hausfrau und die deutsche Muse. Ich knittele sehr viel Verse, und es sind manche darunter, die wie Zauberweisen meine Schmerzen kirren, wenn ich sie für mich hinsumme. Ein Poet ist und bleibt doch ein Narr.«

> *Welke Veilchen, stäubge Locken,*
> *Ein verblichen blaues Band,*
> *Halb zerrissene Billette,*
> *Längst vergeßner Herzensstand –*

In die Flammen des Kamines
Werf ich sie verdroßnen Blicks;
Ängstlich knistern diese Trümmer
Meines Glücks und Mißgeschicks.

Liebesschwüre, flatterhafte
Falsche Eide, in den Schlot
Fliegen sie hinauf – es kichert
Unsichtbar der kleine Gott.

Bei den Flammen des Kamines
Sitz ich träumend, und ich seh,
Wie die Fünkchen in der Asche
Still verglühn – Gut Nacht – Ade!

»Es ist im wahren Sinn des Wortes mein verifiziertes Lebensblut, was ich solchermaßen hergebe ... und kaum leserlich mit Bleistift aufs Papier kritzele«, wiederholte er Julius Campe im November 1849. Er hatte einen Teil seiner Schriften aus Verzweiflung und als Warnruf an den Verleger verbrannt und immer noch keine Antwort wegen der Gesamtausgabe seines Werks erhalten. Doch »der Odysseus des deutschen Buchhandels«, wie der Dichter seinen Verleger gelegentlich nannte, zögerte, das Gesamtwerk seines Autors zu publizieren. Er hatte mit Heine schon im April 1837 einen Vertrag darüber geschlossen, der aber nur elf Jahre Dauer hatte und jetzt auslief. Campe fürchtete zum einen das merkantile Risiko eines solchen Unternehmens, zum anderen musste er mit Verbot und Beschlagnahme der Bücher rechnen. Er sollte in dieser Sorge Recht behalten. Als er nämlich im Oktober 1851 Heines Gedichtband ›Romanzero‹ in einer Erstauflage von 5 000 Exemplaren herausgeben wird, zieht das Werk nicht nur beißende Kritik nach sich, die von »graziöser Frivolität« und »süß vergifteter Sinnlichkeit«, von Liederlichkeit, Zynismus, Immoralität und bodenloser Lüge spricht. Der Band wird zuerst in Österreich verboten und dann in Preußen aus Gründen der Sittlichkeit konfisziert, einige Exemplare werden gar verbrannt, später auch in Bayern und Württemberg.

Ein anderer Grund für Campes dreijähriges Schweigen gegenüber Heine war auch, dass der Verleger sich nicht von seinem Autor unter Druck setzen lassen wollte. Er bekannte gegenüber dem
Schriftsteller Adolf Stahr, durch sein Schweigen habe die Literatur
vielleicht einige Bücher weniger bekommen, »aber ich trage zu
viel Selbstgefühl, als daß ich mich zum Johann irgendeines Menschen herleiten möchte«. Schon vor des Dichters Krankheit war
das Verhältnis mit seinem Verleger oft von Spannungen geprägt,
war doch für Campe die hochmütige Selbstherrlichkeit und Selbst-
gerechtigkeit, mit denen Heine nicht nur ihn behandelte, schwer
erträglich. Dazu kamen aber auch wieder Momente einer Servilität,
die eine entspannte Beziehung zu dem Dichter fast unmöglich
machten. Dennoch nannte Heine seinen Verleger immer wieder
seinen Freund.

»Lassen Sie doch das kindische Schweigen«, schrieb er aus Paris
nach Hamburg. Mehrfach setzte er seine Krankheit als Mittel ein,
um den Verleger aus der Reserve zu locken, teilte ihm mit, dass er
einige seiner Manuskripte ins Feuer geworfen habe, warf ihm vor,
er sei »mit Blindheit geschlagen« und nannte die eigene Treue und
Anhänglichkeit dumm. »Doch das sind überflüssige Worte, da für
die Zukunft nichts mehr zu verbessern ist und ich schon mit
einem Fuße im Grabe stehe.« Den Brief vom April 1851 unterzeichnete er mit »Ihr sehr betrübter Freund«. Sein Freund stand genau drei Monate später an der Wohnungstür im Hinterhaus der
Rue d'Amsterdam Nummer 50. Erst wurde er von der Magd nicht
eingelassen, da sie Anweisung hätte, niemanden vorzulassen,
Monsieur Heine wäre zu krank. Doch Julius Campe ließ sich nicht
abschütteln, blieb vier Stunden bei dem Kranken. Man erneuerte
nicht nur die Freundschaft, sondern Campe bot dem Dichter auch
einen lukrativen Vertrag an für einen neuen Gedichtband, der in
den vierzehn Tagen, die er in Paris weilte, unterschrieben wurde
und schon drei Monate später unter dem Titel ›Romanzero‹ erschien.

Drei Teile hat dieses Buch. Es beginnt mit ›Historien‹, im zweiten Teil folgen ›Lamentationen‹, deren zweite Hälfte den Untertitel
›Lazarus‹ trug. Abgeschlossen wurde es mit dem dritten Buch ›Hebräische Melodien‹. Außer den Gedichten der ›Historien‹ hatte

Heinrich Heine fast alle Gedichte auf seinem Krankenlager geschrieben, gedichtet »gegen den Tod, gegen das Siechtum«. An der
Krankheit des Dichters nahm man in der deutschen Presse regen
Anteil, gemischt mit Neugier, Sensations- und Klatschsucht. So be-
gannen auch die Kritiken des Gedichtbands häufig mit Repor-
tagen aus der »Matratzengruft«, bisweilen boshaft wie in ›Europa-
Chronik der gebildeten Welt‹: »Heine stirbt sehr langsam, er feiert
seine Auflösung gründlich, ja, er buhlt mit dem Moder, er liebäu-
gelt mit dem Schrecken der Verwesung; mitten inner haschen die
alten Liebesgötter noch einmal durch die Nachtschatten seiner
letzten Gespensterschau. Es ist der letzte Akt im Prozeß der Selbst-
vergötterung ... Dieser Phönix stirbt, so daß ihm selbst das Sterben noch zur Wollust wird. Ein Liebesgott der deutschen Muse
liegt und fault auf moderigem Stroh.« Oscar Peschel hingegen eröffnete die Kritik des ›Romanzero‹ in der ›Augsburger Allgemeinen‹
mit einem echten Augenzeugenbericht: »O armer Heine. Man muß
dich gesehen haben in der Rue d'Amsterdam, wehrlos hinge-
streckt, aller körperlichen Kräfte entwaffnet, nicht gestärkt von
dem hellen Gruß des Morgenlichts, nicht einmal getröstet durch
den Anblick eines grämlichen Schornsteins, an dem man das all-
mähliche Erkalten der Abendsonnengluten beobachten könnte! Ja
wohl ist es ein lebendiges Begrabensein. Man muß gehört haben,
wie er sich der Zeiten vor einer lebenslänglichen Verurteilung
wehklagend erinnerte: Ach säße ich nur noch einmal des morgens
im Café beim Frühstück in meiner Ecke, wo ich die liebe Sonne un-
geschmälert hätte. Und könnte den ersten Pariser Artikel in meinen Journalen lesen, frisch aus der Presse, die einzig bemerkens-
werte Dummheit eines Pariser Tages.«

Heine lebte noch in Paris, aber die Stadt war ihm verschlossen
und wurde ihm immer fremder. Seine Welt war nur noch wenige
Quadratmeter groß, unbegrenzt nur in seiner Dichtung. Doch er
hatte noch einen Plan. Er wollte eine Sammlung seiner Berichte
und Briefe aus Paris, Dokumente seiner »Witterung« der Stadt herausgeben, die auch unter dem Titel ›Lutetia‹, wie der lateinische
Name von Paris lautet, erscheinen sollten. Für ihn war dies vor
dem nahenden Ende Teil seines Memoirenplans, wie die ›Testa-
mente‹, wie die ›Geständnisse‹, wie die ›Memoiren‹ selbst, die er

allerdings nie vollendet hat. Teile davon verbrannte er selbst, anderes ist im Nachlass verschollen und nicht erhalten. ›Lutetia‹ nun sah Heine an als »die ganze Ausbeute meiner Forschungen während einem Vierteljahrhundert in Paris . . . wo nicht als Geschichtsschreibung, doch gewiß als eine Chrestomathie guter publizistischer Prosa«. Eine Auslese aus seinem Paris, das ihm abhanden gekommen war.

Wie sah Paris in den letzten Lebensjahren Heines aus, wie war die Stadt und mit ihr ganz Frankreich, ja, Europa, aus den revolutionären Ereignissen des Jahres 1848 hervorgegangen? »Behauptete man einst mit Recht, daß in der Juliusrevolution Ludwig Philipp die Herrschaft eskamotiert«, also stibitzt, »habe, so kann man dieses mit gleichem Fug von der Republik behaupten«, konstatierte Heine, »doch warum sollten ehrliche Leute nicht auch einmal ihr prestidigatorisches Talent erproben.« Er meinte damit das Talent eines Taschenspielers, der sich mit Geschick und List an die Spitze einer Bewegung gestellt habe und nun in der Regierung sitze, wobei der Zufall auch seine Hand im Spiel gehabt habe, sodass der Dichter fragt, indes wohl rhetorisch nur: »Werden die Angelegenheiten dieser Welt wirklich gelenkt von einem vernünftigen Gedanken, von der denkenden Vernunft? Oder regiert sie nur ein lachender Gamin, der Gott-Zufall?« Im Fall der Februarrevolution von 1848 war sich Heine sicher: »Die Wahl der provisorischen Regierung war jedenfalls ein Werk des Zufalls.«

In der Tat bestand sie unter anderem aus dem Dichter Alphonse de Lamartine, dem Naturwissenschaftler François Arago, dem ehemaligen Saint-Simonisten Hippolyte Carnot und dem Radikalsozialisten Louis Blanc. Ihnen fehlte aber, wie Heine schrieb, »eine innere Wahlverwandtschaft«. Deshalb sei deren »Berufung« ein Werk des Zufalls. Dazu erzählte er die Anekdote, ein gewisser Hetzel, Buchhändler, »aber ein Enthusiast der Freiheit«, habe in dem Moment, als er mit dem Volk von Paris die Deputiertenkammer besetzte, einen Zettel hervorgezogen und »inspiriert, er wußte selbst nicht wie, schrieb er hastig die Namen, die ihm im Kopf oder im Herzen laut wurden, und das war die Liste der provisorischen Regierung, die dann unter stürmischen Beifall vorgelesen wurde.«

Die Barrikaden wurden abgebaut und man pflanzte aller Orten Freiheitsbäume, zumeist Pappeln, so dass Paris bald einem Wald glich, wie ein Augenzeuge meinte. Kein Soldat, kein Polizist war auf den Straßen mehr zu sehen, nur das Volk trug noch Waffen. »Es bewachte die öffentlichen Plätze, befahl und strafte. Es war ein ungewöhnliches, aber auch beängstigendes Ding zu sehen, daß sich in den Händen derer, die nichts besaßen, diese immense Stadt voller Reichtümer, ja gar die ganze Nation befand«, schrieb der Historiker Alexis de Tocqueville. »Paris existiert nicht mehr«, klagte der Dichter Prosper Mérimée. Die Reichen von Paris hatten ihre Salons geschlossen, mieden die Boulevards, auf denen nun Arbeiter in blauen Blusen flanierten, Pfeifen in den Mundwinkeln.

Man traf sich nicht mehr in Salons, sondern in Clubs. Mehr als zweihundert an der Zahl bildeten sich in Windeseile, so der Club der Revolution, der ironischerweise im Palais Royal seinen Sitz hatte, der Republikanische Club, der im Conservatoire de Musique tagte, der Club der Legitimisten, der Club der Feministinnen, der Club de Fraternité Universelle, der Club der Intelligenz. Überall diskutierte man heftig und kontrovers über die Zukunft, die indes je nach Standpunkt höchst unterschiedlich aussehen sollte. War die Revolution von 1830 noch eine der Schriftsteller gewesen, so wandten sich von der von 1848 nun viele ab, nicht nur Heine und Merimée. Nur wenige von ihnen gehörten wie Alphonse de Lamartine und George Sand zu den leidenschaftlichen Anhängern der Revolution. Die Dichterin war in den Februartagen von ihrem Landsitz Nohant nach Paris geeilt, mischte sich unter die Revolutionäre und gründete das Revolutionsblatt ›La Cause du Peuple‹. »Ich habe Nächte ohne Schlaf, Tage ohne Rast verbracht. Wir sind verrückt, wir sind berauscht. Die Republik ist erobert«, berichtete sie, doch vom Ausgang der Revolution sollte sie schwer enttäuscht werden. Sie zog sich von da an aufs Land zurück.

Als im April 1848 die erste allgemeine freie Wahl stattfand, an der alle männlichen Franzosen teilnehmen konnten, gewannen wie 120 Jahre später im Juni 1968 die konservativen Parteien die Mehrheit der Stimmen. Paris und ganz Frankreich waren in eine wirtschaftliche Agonie gefallen, das Geld und mit ihnen Bankiers und Spekulanten waren geflohen. Sie brachten ihr Gut in Sicherheit, Firmen meldeten Bankrott an. Obwohl es kaum noch Arbeit gab, organisierte die Regierung, die ja das Recht auf Arbeit propagiert hatte, nationale Werkstätten, in denen die Arbeiter zwar keine Arbeit vorfanden, aber Geld vom Staat erhielten, was diesen 170 000 Francs täglich kostete. Diese kostspielige Arbeitsbeschaffungsmaßnahme, wo nichts zu beschaffen war, wurde zum explosiven Kern der Zuspitzung der revolutionären Ereignisse und sollte zum endgültigen Ende der Pariser Revolution führen.

Schon nach kurzem schloss der Staat aus Kostengründen diese Werkstätten wieder und am 22. Juni revoltierten 15 000 Arbeiter. Sie besetzten den Osten der Stadt mit Rufen wie »Freiheit oder Tod« und »Brot oder die Kugel«. Brot erhielten sie nicht, aber die Kugel aus den Gewehren der neu formierten Polizei, der Nationalgarde, der Armee, die dank der Eisenbahn schnell aus der Provinz nach Paris gefahren wurde. Haus für Haus wurde in den Arbeitervierteln durchkämmt, »systematisch gereinigt«, wie der Innenminister sich ausdrückte. Victor Hugo nannte die Aktion die größte Straßenschlacht der Geschichte. 3 000 Tote blieben zurück, 11 000 Personen wurden festgenommen, vielen wurden Hände oder die Arme abgetrennt, 4 000 wurden nach Algerien deportiert. Der Ausnahmezustand wurde für vier Monate verhängt. Paris war eine tote Stadt.

George Sand schämte sich, Französin zu sein, und beklagte das Ende »eines schönen Traums einer brüderlichen Republik«. Sie setzte sich noch für eine Amnestie der Revolutionäre ein, während Prosper Mérimée aufatmete und die Aufständigen wilde Tiere nannte. Er schrieb aber auch: »Ich halte es nicht für möglich, jemals Ordnung in Frankreich zu schaffen, es sei denn, man zerstörte Paris gänzlich.« Und Heine? Kurze Zeit später schrieb er, »nur mit Grauen und Schrecken denke ich an die Zeit, wo jene dunklen Bilderstürmer zur Herrschaft gelangen werden«, und dichtete auch »Der sinnliche Rattenhaufen/ Er will nur fressen und saufen«. Paris war und werde auch nach den revolutionären Ereignissen, wie der englische Botschafter Lord Normanby meinte, weiterhin die Hauptstadt der zivilisierten Welt sein, die das Privileg besitze, plötzlich die größten Dinge in die Wege zu leiten. »Es sind die Denker von Paris, die sie vorbereiten, und die Arbeiter führen sie aus.« Paris hatte das Signal für ganz Europa gegeben. Dublin, Berlin, Wien, Mailand, Neapel erhoben sich, später die Polen und die Ungarn. Und die Prinzessin Belgiojoso, in die Heinrich Heine sich vor gut zehn Jahren so vergeblich verliebt hatte, war die Heldin der Revolte von Neapel, gründete und leitete ein revolutionäres Journal und zog im April 1848 im offenen Wagen im Triumph ins befreite Mailand ein. Doch schließlich siegte überall die Gegenrevolution und erstickte Aufruhr und Revolte.

»Das Ende des Lieds«, wie Heine es ausdrückte, und damit das Ende der französischen Republik ließ nicht lang auf sich warten. Louis Napoleon Bonaparte, ein Neffe des großen Napoleon und einst wie Heine Anhänger der Ideen von Saint-Simon, war im Dezember 1848 vom Parlament zum Präsidenten der Republik gewählt worden. Als es ihn aber 1851 nicht wiederwählen wollte, inszenierte er am 2. Dezember kurzerhand einen Staatsstreich und proklamierte genau ein Jahr später ein neues Kaiserreich mit sich selbst als Regenten. In der Stadt an der Seine herrschte nun endgültig wieder Ruhe und das Pariser Leben wurde fortgeführt, als wäre kaum etwas geschehen. »Alles ist ruhig hier«, schrieb der Komponist Jacques Offenbach an seine Schwester nach Köln, »ich hoffe, daß Paris jetzt wieder wie früher in Freude und Glanz leben wird.« Der Journalist Alphonse Karr, der das Satiremagazin ›Les Guêpes‹ (Die Wespen) herausgab, hatte das passende Motto für den Zeitenlauf gefunden: »Plus ça change, plus c'est la même chose«.

Solitude mitten in Paris

Die Einsamkeit, in der Heinrich Heine sich befand, wuchs an. Er konnte seine Wohnung nicht mehr verlassen, kaum einer besuchte ihn. Die Freunde von einst hatten ihn vergessen, waren gestorben wie Honoré de Balzac im August 1850, oder hatten Paris verlassen wie George Sand. Andere hatte er schon vor seiner Krankheit vergrault, hatte mit ihnen gebrochen oder die mit ihm. Nur Caroline Jaubert, Gérard de Nerval und Michel Chevalier besuchten ihn noch gelegentlich. Häufig aber kamen bekannte oder unbekannte Verehrer aus Deutschland zu ihm, die ihr Dichteridol sehen und sprechen wollten, wie der Journalist und Romanautor Levin Schücking, der Künstler Ernst Benedikt Kietz, der Sozialist Ferdinand Lassalle, der sich auch als Philosoph und Theaterautor versuchte, oder der böhmische Dichter Alfred Meißner, dessen Epos ›Ziska‹ Heine schätzte. Meißner sollte auch zu seinem ersten Biografen werden. »Auf Meißner kann ich mich verlassen wie Gold«, schrieb Heine über den 25 Jahre Jüngeren. Doch seinem Bruder Maximilian klagte er: »Ich bin ganz allein, ich lebe in einer schauerlichen Einsamkeit, obgleich mitten in Paris, dem Tummelplatz der Leidenschaften.«

Oft war um ihn allein die Garde-Malade, die Krankenwärterin, die er Madame Souci, Frau Sorge, nannte in einem der Gedichte von ›Lamento‹:

> *Das Glück ist fort, der Beutel leer,*
> *Und hab auch keine Freunde mehr;*
> *Erloschen ist der Sonnenglanz,*
> *Zerstoben ist der Mückentanz,*
> *die Freunde, so wie die Mücke,*
> *Verschwinden mit dem Glücke.*

> *An meinem Bette in der Winternacht*
> *Als Wärterin die Sorge wacht.*
> *Sie trägt eine weiße Unterjack,*
> *Ein schwarzes Mützchen, und schnupft Tabak.*
> *Die Dose knarrt so gräßlich,*
> *Die Alte nickt so häßlich.*

> *Mir träumt manchmal, gekommen sei*
> *Zurück das Glück und der junge Mai*
> *Und die Freundschaft und der Mückenschwarm –*
> *Da knarrt die Dose – daß Gott erbarm,*
> *Es platzt die Seifenblase –*
> *Die Alte schnäuzt die Nase.*

Ehefrau Mathilde verscheuchte oft ungebetene Besucher und schirmte ihren Mann ab, worüber er sich beklagte, aber er war auch froh, da er nicht wollte, dass ein jeder ihn leiden sah. Jedenfalls zog er das Fazit: »Ich verliere einen Freund nach dem anderen und bei denen, die mir übrig bleiben, erprobt sich das alte Sprichwort: Freunde in der Not gehen sechzig auf ein Lot – aber das Sprichwort ist doppelschneidig, es kritisiert nicht nur die Beklagten, sondern auch den Kläger.« Da wuchs in Heine dank der Krankheit scheinbar die Selbsteinsicht. Doch er konstatierte, »mich trifft jedenfalls der Vorwurf, dass ich in der Wahl meiner Freunde sehr kurzsichtig war und ich deren so leichte wählte«. Die Selbsteinsicht ging nicht so weit, dass er zugab, viele Freunde in den Pariser Jahren durch seine zynische Art auch vertrieben zu haben. Im Frühjahr 1849 hatte er in Leopold Wertheim auch noch den Arzt seines Vertrauens, der ihn so hingebungsvoll betreute, verloren. Doch diesmal hatte nicht er, sondern Mathilde dafür gesorgt, dass er das Haus Heine mied. »Sie haben keinen Begriff davon, wie groß die Lücke ist, seitdem Sie sich zurückgezogen«, schrieb er dem Arzt, »wie sehr ich durch das Ereignis leide, das aus ein und derselben Unglücksquelle entsprang, die mich schon so oft mit Bitternissen tränkte. Ich meine nämlich den *Wahnsinn* einer geliebten Person, der mehr oder minder selten hervorbricht und der eben so unzurechnungsfähig wie unheilbar ist.«

Mathilde Heine, die so lebenslustige Frau, litt unter der Krankheit ihres Manns sehr. Sie war selbst gesundheitlich und vor allem nervlich anfällig, musste auch mehrfach deswegen behandelt werden. »Meine Frau war gestern sehr krank – was ich aussteh! ... Gestern hatte sie einen Nervenakzeß, und das Glas Wasser, das man ihr zur Erfrischung hinhielt, zerbiß sie krampfhaft mit den Zähnen und man musste ihr die Glasscherben aus dem Munde reißen«, berichtete Heine seiner Mutter und der Schwester und schloss: »An einem Fädchen hängt oft das menschliche Leben.« Der Tyrannei der Launen ihres Mannes setzte Mathilde ihren Despotismus entgegen. Heine war ja nun völlig von ihr abhängig und sie kümmerte sich hingebungsvoll um ihn. Aber den Arzt ihres Mannes hatte sie in einem Streit vertrieben und Heine wusste: »Hier ist weder zu klagen noch etwas zu ändern, sondern nur mit Ruhe zu dulden und mit Barmherzigkeit zu verzeihen.«

Zu den wenigen Pariser Freunden, die den deutschen Dichter nicht in Stich ließen und ihn auf seinem Krankenlager besuchten, gehörten die beiden Übersetzer seiner Werke, Saint-René Taillandier und Gérard de Nerval, selbst Dichter. Nerval war schon 1834 von dem Verleger Eugène Renduel einmal gefragt worden, ob er Heines Gedichte übersetzen wolle. Sechs Jahre später dann schrieb der Franzose an den deutschen Wahlpariser, er profitiere vom schlechten Novemberwetter, um so viele Gedichte wie möglich zu übertragen. »Ich habe manchmal große Schwierigkeiten, weniger des Verständnisses als des französischen Ausdrucks wegen, und so habe ich mehrere Stellen beiseite gelassen, um sie Ihnen vorzulegen«, teilte er 1840 Heine mit. Im Gedankenaustausch über die Gedichte entstand eine Freundschaft, die indes mehrfach unterbrochen wurde, da der elf Jahre jüngere Nerval häufig auf Reisen ging, und zwar bis in den Orient. Nerval hatte als 19-Jähriger schon Goethes ›Faust‹ übersetzt und dafür das Lob des alten Mannes von Weimar erhalten. Er schrieb, beeinflusst von den Erzählungen E.T.A. Hoffmanns, märchenhafte Novellen und Gedichte über mythische Frauenfiguren. In der romantischen Weltsicht fühlte er sich Heine verwandt und bewunderte dessen frühe Gedichte aus dem ›Buch der Lieder‹, die er dann auch übersetzte.

Im Sommer des Krisenjahrs 1848 veröffentlichte Nerval eine umfassende Studie über Heines Lyrik in zwei Nummern der ›Revue des Deux Mondes‹, die den Namen des deutschen Dichters dem langsamen Vergessen in Frankreich entriß. Im November 1850 berichtete er dann in ›La Presse‹: »Der arme Heine liegt krank in Paris, ist immer an sein Leidensbett gefesselt. Sein Körper ist paralysiert, doch seine Imagination ist weiterhin klar und aktiv – wie es einem deutschen Schüler Voltaires angemessen ist.« Da in Paris immer wieder Gerüchte über dessen Tod auftauchten, stellte Nerval kategorisch fest: »Heine stirbt nur dann, wenn er es will.«

Die Krankheit verband die beiden. Nerval litt an einer Nervenkrankheit und an einer heftigen Melancholie mit depressiven Schüben, nachdem eine Liebesaffäre mit der Schauspielerin Jenny Colon unglücklich geendet hatte, die ihn aber bis in seine Träume und seine lyrischen Fantasmen verfolgte. »Ein böser Geist hat meinen Platz in der Welt der Seelen eingenommen«, schrieb er in ›Aurelia‹ und meinte, die Krankheit spiele sich ab in den »Mysterien meines Geistes«, sodass er Traum und wirkliches Leben nur noch mühsam unterscheiden konnte. Während Heine seine fast ausschließliche physische Krankheit eher zu beherrschen vermochte, auch wenn er daran dachte, seinem Leben frühzeitig selbst ein Ende zu machen, war Nerval von der Möglichkeit eines Freitods geradezu beherrscht und sollte sich Ende Januar 1855, ein Jahr vor Heines Tod, an einer Laterne in der Rue de la Lanterne erhängen. Nerval war einer der ersten jener Poètes maudits, die im 19. Jahrhundert an der rapiden Beschleunigung und Veränderung der Welt litten und keinen Platz mehr darin fanden, wie Lenau, Baudelaire, Rimbaud und so viele andere.

Heine schrieb über den Freund im Vorwort zu dessen Übersetzung des Gedicht- und Prosazyklus ›Nordsee‹, Nervals poetische Sprache fließe in purer Anmut dahin, die der unvergleichlichen Milde seiner Seele ähnele. Er sei mehr Seele als Mensch, eine Engelsseele, treuherzig wie ein Kind. Als Nerval Heine im Jahr 1850 einmal besuchte, hatte er einen Nervenzusammenbruch vor dem Bett des kranken Dichterfreunds.

Der französische Poet analysierte nicht nur luzide Heines Dichtung, sondern auch sein Wesen. Als man ihm die Frage stellte, was ihn an Heine so anziehe, meinte er: »Sein Witz, sein Spott wurden für mich zu einem wahren Bedürfnis. Lachen und Scherzen mit Heine, Stunden mit ihm verbringen, das berauschte mich und erleichterte mir, die Wellen meiner überbordenden Empfindsamkeit zu brechen … Was Heines Humor anregte, war nicht allein seine Lust, anderen durch seine Worte zu gefallen, es war vielmehr die Lust, sich selbst zu vergnügen und das auf zweierlei Weise: mittels des Traumes seines Herzens und den Worten seines Esprits.«

Begeistert analysierte Nerval auch Heines Dichtung: man trete bei seiner Lektüre in eine magische Szene ein, ja, man fühle sich bald mit dem Dichter selbst in einem Kreis eingeschlossen und um einen herum führten seine Figuren einen Tumult auf. Die Ironie im Leben und in der Dichtung sei eine »Hache«, eine Hacke, die das Instrument seiner poetischen Macht bilde, die indes immer

gepaart sei mit dem Feuer der Liebe. »Bis jetzt hat er niemals ge-
spart mit seinen geistreichen, hasserfüllten Ausfällen, die von
einer unerbittlichen Luzidität geprägt sind und die sich der Ironie
mit der ungerührten, aber jovialen Art eines Henkers bedienen,
einer Ironie, die einer leuchtenden mondkalten Hacke gleicht.
Doch so grausam Heine auch erscheint, er besitzt in diesem Haß
doch die Liebe, eine Liebe, die so brennend ist wie der Haß grausam, indes, er liebt die, die er vernichtet. Er salbt Trost auf die Ver-
letzungen und spendet Küsse auf die Wunden und wäscht sie mit
Tränen.« Friedrich Nietzsche wird das Heines »göttliche Bosheit«
nennen, ohne die er »das Vollkommene« nicht denken könne.

Der andere Übersetzer heinescher Gedichte, Saint-René Taillandier, besuchte Heine ebenfalls häufig in dessen »Matratzengruft« in der Rue d'Amsterdam. Er hatte für die ›Revue des Deux
Mondes‹ einige Gedichte des ›Romanzero‹ übertragen und erbat
für das Vorwort biografische Angaben. Daraufhin machte sich der
Dichter um zwei Jahre jünger. »Das Wichtigste daran ist, daß ich
geboren bin«, meinte er lapidar, wies darauf hin, dass er schon mit
sechzehn Jahren ein Gedicht auf Napoleon geschrieben habe, und
führte aus: »Meine Vorfahren gehörten der jüdischen Religion an;
ich bin auf diesen Ursprung niemals stolz gewesen, ich, der ich
mich schon ziemlich gedemütigt fühlte, wenn man mich einfach
als menschliche Kreatur ansah, während Hegel mich glauben gemacht hatte, dass ich ein Gott sei. Ich war auf meine Göttlichkeit
so stolz, daß ich, wenn ich durch die Porte St. Martin oder Saint
Denis kam, unwillkürlich den Kopf senkte, weil ich fürchtete, gegen den Torbogen zu stoßen. Das war eine schöne Zeit, die seit
langem vorbei ist und an die ich nicht ohne Trauer denken kann,
wenn ich sie mit meinem jetzigen Zustand vergleiche, wo ich
elend auf dem Rücken liege.«

Taillandier verfasste in dem Vorwort zu den ›Romanzero‹-
Gedichten eine Eloge: »Henri Heine ist der erste Dichter seines Landes seit Goethes Tod und man könnte sagen, seine Literatur trage
alle Bestürzungen eines zerstörten Lebenstraums in sich und deshalb sei sie große Literatur.« Doch fügte er kritisch hinzu: »Eine
einzige Sache fehlt diesem brillanten Lebensweg, eine Regel, eine
Ordnung, Harmonie, das letztliche Supremat des Schönen, das den

Künstler in dem Augenblick bedrängen muß, da er sich von seinem Werk trennt.« Da hatte der doch zwanzig Jahre Jüngere die Blume des Bösen, die in vielen Gedichten Heines verborgen ist und schon auf künftige Literatur hinweist und die auch Baudelaire an Heine so schätzte, als das treibende Mittel moderner Lyrik verkannt.

Nerval und Taillandier hatten regen Anteil daran, dass Heine in Michel Lévy einen Verleger fand, der früher als Campe in Deutschland für eine französische Werkausgabe sorgen würde. Sein erster Pariser Verleger Eugène Renduell, der in den 30er Jahren ›De l'Allemagne‹ und die ›Tableaux de Voyage‹ veröffentlicht hatte, verkaufte 1840 seinen Buchbestand an den Hachette-Verlag, und da erwies sich, dass die Bücher nur mäßigen Verkaufserfolg gehabt hatten, sodass sich auch kein neuer Verleger für sein Werk fand. Gervais Charpentier schrieb an den Verlegerkollegen Renduell, er habe Heines Werke überflogen und finde sie nicht gut:»Der Geist, der darin wirkt, riecht verteufelt nach Bierkrug. Das Ganze ist das Gebräu eines hitzköpfigen deutschen Studenten.«

Erst der junge Michel Lévy traute sich wieder, das Werk des Deutsch-Pariser Dichters zu veröffentlichen. Er tat das in seiner Reihe ›Bibliothèque Contemporaine‹, einer Art Volksausgabe in Taschenformat zu günstigem Preis. Der Dreiunddreißigjährige hatte Heine im September 1854 an seinem Krankenbett aufgesucht, und der Dichter unterzeichnete sogleich den Vertrag für die Werkausgabe. Die ersten beiden Bände erschienen bereits fünf Monate später. Sie sollten den Nachruhm Heines in Frankreich begründen. Erst nach seinem Tod erschienen die weiteren Bände und verkauften sich dann alle besser als zu des Dichters Lebzeiten.

Während sich Heine bei Heinrich Laube darüber beschwert hatte, dass George Sand, »das Luder«, ihn seit seiner Krankheit nicht mehr beachte, stieg eine andere Frau, der er seit langem freundschaftlich verbunden war, häufig zu ihm hoch, setzte sich ans Krankenbett und spendete Trost, Caroline Jaubert. Er hatte ihr ein Versprechen abgerungen, so notiert sie in ihren Erinnerungen. Schon 1847 hatte er zu ihr mit einiger Koketterie gesagt, er sehe mit großem Vergnügen, dass sie sich weigere, ihn wie so viele andere zu vergessen. Ob sie denn nicht wisse, dass er schon seit langem tot sei. Als Heine Anfang 1848 spürte, wie die Krankheit in seinem Körper fortschritt, soll er zu ihr gesagt haben: »Mein Gebrechen ist unheilbar. Ich werde mich niederlegen und nie mehr aufstehen. Ich bin gekommen, um Ihnen ein Versprechen unter Eid abzufordern, dass Sie mich dann aufsuchen und nie im Stich lassen werden.«

Caroline Jaubert hatte ihn ja auch auf seinem letzten Weg durch Paris zur Venus von Milo begleitet und würde sich an das ihm gegebene Versprechen halten, acht Jahre lang bis zu seinem Tod. »Weder das poetische Genie noch der außerordentliche Esprit Henri Heines konnten ahnen lassen, dass er den Heroismus eines Märtyrers besitzen würde. Diese Prüfung durch die Krankheit machte ihn mir zu einem anderen, einem neuen Menschen. Allein das Leiden, das ihn solange auf seinem Bett der Pein festnagelte, hatte uns seine bewundernswürdige Standhaftigkeit erschlossen«, schrieb die »blonde Fee« der letzten Jahre.

Da Heine sich schon vor dem Ausbruch der Krankheit selbst in ein Abseits gebracht hatte, wuchs jetzt noch seine Isolation gegenüber Tout Paris. Zwar hatte er noch brieflichen Kontakt zur Familie Rothschild, wie einige Briefe an Betty, die Frau des Bankiers, bezeugen. Die Nähe und Freundschaft zu dem Komponisten Giacomo Meyerbeer war aber einer kühlen Distanz gewichen. Heine hatte ihn in seinen Berichten über das französische Theater noch in den höchsten Tönen gelobt, schließlich aber mit ihm gebrochen, wohl weil er ihm kein Geld geliehen hatte, um in einem Aktiengeschäft tätig werden zu können. Zudem warf er Meyerbeer vor, sein Versprechen, einige seiner Gedichte zu vertonen, nicht eingehalten zu haben. Heine nannte ihn einen Egoist, der nur seine eigenen Gefühle in Musik setzen könne. »Ich muß von Ihnen Abschied nehmen«, hatte er ihm schon im Dezember 1845 geschrieben, »nachdem ich jahrelang von Ihnen an der Nase herumgeführt worden bin . . . Ich kann Ihnen nicht verhehlen, wie sehr ich in diesem Augenblick einsehe, dass Sie nur in der Musik ein Genie sind.« Heine neidete Meyerbeer auch den Erfolg, den er in Paris und in Berlin hatte, und warf ihm vor, er kaufe mit viel Geld mittels Pressekampagnen und bezahlten Claqueuren seinen Erfolg. Er nannte ihn sogar einen »Ruhm-Escroc«, einen Betrüger. »Es gibt kein Journal in der Welt, wo er nicht seine wachsamen Agenten hat.« 1849 animierte diese Feindschaft Heine gar zu einem Spottgedicht über den »Beeren-Meyer«.

Zu den wenigen Besuchern in seiner Krankenstube zählte der Dichter Pierre-Jean de Béranger, dessen volksliedhaften Gedichte Heine schätzte. Die Sympathie für Napoleon und Napoleon III. einte sie ebenfalls. Der inzwischen 75-Jährige kam eines Tages unangemeldet zu Heine, nachdem die beiden sich jahrelang nicht gesehen hatten. Der deutsche Dichter fand »unseren Alterspräsidenten« munter wie einen Pariser Straßenjungen. Das teilte er Alexandre Dumas mit, den er sogleich bat, ihn ebenfalls zu besuchen. Dumas' Romane ließ er sich immer wieder vorlesen, als seine Sehkraft so stark nachgelassen hatte. »Als ich die größten Qualen erduldete, las mir meine Frau Ihre Romane vor, und das war das einzige, was mich meine Schmerzen vergessen machte«, schrieb er an Dumas. »Daher verschlang ich sie auch alle, und während der Lektüre rief ich manchmal aus: Welch ein erfindungsreicher Dichter ist dieser große Junge namens Alexandre Dumas.« Er nannte den nur fünf Jahre Jüngeren den unterhaltendsten Erzähler, den er kenne. Als er das diktierte, habe Madame Heine gerufen, ja, das stimme und der Papagei habe wiederholt »ja, ja, ja«. Mit den Romanen ›Der Graf von Monte Christo‹, ›Die drei Musketiere‹ und ›La Reine Margot‹ war Dumas in den 40er und 50er Jahren der Erfolgsschriftsteller Frankreichs geworden und gab zudem noch eine Zeitschrift ›Le Mousquetaire‹ heraus, in der er doch, so bat Heine ihn, auf seinen bei Lévy erschienenen Gedichtband hinweisen möge. »Ihr letzter Besuch hat mir wohlgetan. Ich war recht niedergeschlagen und entmutigt«, schrieb Heine an Michel Chevalier im Februar 1855. Der ehemalige Chefredakteur der Saint-Simonisten-Zeitung ›Le Globe‹ hatte wie viele der ehemaligen Weltverbesserer als Wirtschaftsberater seine eigene Utopie gefunden und beriet auch den Dichter in Fragen des Kaufs von Eisenbahnaktien. Er blieb Heine ein treuer Freund und besuchte ihn bis zu seinem Tod.

Doch lange Tage und Wochen lebte Heinrich Heine in einer Einsamkeit, die allein seine Krankenpflegerin, die Ärzte und seine Frau milderten. Er sehnte sich so nach dem Pariser Leben, das er einst gelebt hatte. Da kam Anfang Juli 1855 überraschend mit Ferdinand Lassalle ein Compagnon aus glücklichen Pariser Tagen und Nächten zu Besuch, mit dem zusammen er noch vor wenigen Jahren die Bordelle der Stadt frequentiert hatte. Lassalle berichtete an Karl Marx: »Heine ist *äußerst* herunter. Sein Geist aber so hell und scharf wie eh, nur etwas gegen die Welt verbittert. Er freute sich sehr, mich zu sehen und rief nach der ersten Begegnung gleich aus (auf seinen Schwanz weisend): Sehen Sie, welcher Undank! Diese Partie, für die ich so viel getan habe, hat mich so weit gebracht. Sein Anblick ist übrigens schreckenerregend.«

Glaube, Liebe, Krankheit

Heinrich Heine glaubte, seine Krankheit sei eine Folge der Liebesnächte mit den Mädchen von Göttingen, Hamburg, Florenz und Paris. Doch ob seine Rückenmarkslähmung nun wirklich Folge einer Syphilis war, einer Lues cerebrospinalis, die das zentrale Nervensystem lahmlegt, oder eine Auflösung der Rückenmarkszellen, verbunden mit Muskelschwund, bleibt ungewiss. Er selbst umschrieb sie mokant als »eine jener Privatkrankheiten, woran der Deutsche, der im Ausland privatisiert, zu leiden pflegt«. In einem Gedicht wird Heine noch einmal bedauernd die Spur legen zum Ursprung seiner syphilitischen Krankheit:

> *Für eine Grille keckes Wagen!*
> *Hab ich das Leben eingesetzt;*
> *Und nun das Spiel verloren jetzt,*
> *Mein Herz, du darfst dich nicht beklagen.*

Und in der dritten Strophe erinnert er sich:

> *Die Seligkeit, die ich empfunden*
> *Darob, war nur von kurzer Frist*
> *Doch wer von Wonne trunken ist,*
> *Der rechnet nicht nach eitel Stunden.*

Die Krankheit hielt Heine nun derart in Schmerzen gefangen, dass sie nur mit Morphinen gedämpft werden konnte.

> *– Doch solche Linderung,*
> *Sie dauert kurze Zeit; genesen gänzlich*
> *Kann ich nur dann, wenn seine Fackel senkt*
> *Der andere Bruder, der so ernst und bleich –*
> *Gut ist der Schlaf, der Tod ist besser – freilich*
> *Das beste wäre, nie geboren sein.*

So endet das Gedicht ›Morphine‹, in dessen erstem Teil Heine von den Zwillingsbrüdern Thanatos (Tod) und Hypnos (Schlaf) erzählt. Während der eine den schlaf- und rauschfördernden Mohn bereithält, trägt der andere die Todesfackel in der Hand. Beide erscheinen aber in jugendlicher Schönheit:

> *Groß ist die Ähnlichkeit der beiden schönen*
> *Jünglingsgestalten. Ob der eine gleich*
> *Viel blässer als der andre, auch viel strenger,*
> *Fast möchte ich sagen, viel vornehmer aussieht*
> *Als jener andre, welcher mich vertraulich*
> *In seine Arme schloß – Wie lieblich sanft*
> *War dann sein Lächeln und sein Blick wie selig!*
> *Dann mocht es wohl geschehen, daß seines Hauptes*
> *Mohnblumenkranz auch meine Stirn berührte*
> *Und seltsam duftend allen Schmerz verscheuchte*
> *Aus meiner Seel – Doch ...*

Die Morphiumdosis musste stetig erhöht werden. Die Wirkung war von gemessener Dauer. »Ich nehme zuweilen 7 Gran in 24 Stunden und lebe in einer wüsten Betäubnis«, schrieb Heinrich Heine dem Bruder Maximilian. Man brannte ihm Löcher in den Rücken, um das Morphium einleiten zu können und seine Wirkung zu erhöhen. »Wenn so ein bißchen grauer Staub in meine fürchterlich schmerzenden Brandwunden gestreut wird, und dann der Schmerz darnach gleich aufhört, soll man da nicht sagen, daß dies dieselbe beruhigende Kraft ist, welche sich in der Religion wirksam zeigt«, meditierte er und schloss gegenüber Fanny Lewald, die den Kranken zusammen mit ihrem Bruder im

September 1850 besuchte: »Opium ist auch eine Religion.« Sarkastisch schrieb Heine dem einstigen Arzt des Vertrauens, Wertheim: »Meine Krankheit nimmt täglich zu und die Krämpfe und Kontraktionen bemächtigen sich täglich mehr des Oberteils des Körpers, so dass auch der Rücken in den Nächten fast ganz gekrümmt ist. Der Überreiz des Schmerzes gibt mir eine gewisse Form.« Auch in dem Gedicht ›Vermächtnis‹ hat er trotz oder auch gerade wegen der Krankheit seinen einstigen bösen Sarkasmus nicht verloren:

> *Nun mein Leben geht zu End,*
> *Mach ich auch mein Testament;*
> *Christlich will ich drin bedenken*
> *Meine Feinde mit Geschenken.*
>
> *Diese würdgen, tugendfesten*
> *Widersacher sollen erben*
> *All mein Siechtum und Verderben,*
> *Meine sämtlichen Gebresten.*
>
> *Ich vermach Euch die Koliken,*
> *Die den Bauch wie Zangen zwicken,*
> *Harnbeschwerden, die perfiden*
> *Preußischen Hämorrhoiden.*
>
> *Meine Krämpfe sollt ihr haben,*
> *Speichelfluß und Gliederzucken,*
> *Knochendarre in dem Rucken,*
> *Lauter schöne Gottesgaben.*
>
> *Kodizill zu dem Vermächtnis:*
> *In Vergessenheit versenken*
> *Soll der Herr eur Angedenken,*
> *Er vertilge eur Gedächtnis.*

Heine beklagte gegenüber dem Bruder Maximilian die eigene
»Weinerlichkeit und Seufzerei«, die seiner inneren Natur so fremd
und ein »unheimliches Phänomen« sei, gab ihm auch seine Sui-
zidgedanken preis, schrieb aber: »Bloß meines Weibes wegen
habe ich diesen Leiden nicht ein Ende gemacht, wie wohl es
einem Manne erlaubt wäre, dem alle Hoffnung erloschen ist, je
wieder das Leben genießen zu können.« Er seufzte über sein
Siechtum: »Wenn man dabei spazieren gehen könnte. Aber mit
zerrissenem Herzen auf dem Rücken liegen, auf dem wunden Rücken, das ist unerträglich.« Und das Leben auf dem Rücken
dehnte sich in eine unerträgliche Länge. »Ich sterbe verflucht
langsam, daß es langweilig ist«, konstatierte er im Frühling 1852.
Da hatte er noch genau vier lange Jahre des Sterbens vor sich. Er
verglich seine Leiden mit dem eines Hundes, sein zähes Leben mit
dem einer Katze.

> *O Gott, verkürze meine Qual,*
> *Damit man mich bald begrabe;*
> *Du weißt, daß ich kein Talent*
> *Zum Martyrtume habe.*

> *Ob Deiner Inkonsequenz, o Herr,*
> *Erlaube, daß ich staune:*
> *Du schufest den fröhlichen Dichter, und raubst*
> *Ihm jetzt seine gute Laune.*

> *Der Schmerz verdumpft den heiteren Sinn*
> *Und macht mich melancholisch:*
> *Nimmt nicht der traurige Spaß ein End,*
> *So werde ich am Ende katholisch.*

> *Ich heule dir dann die Ohren voll,*
> *Wie andre gute Christen –*
> *O Miserere ! Verloren geht*
> *Der beste der Humoristen!*

Was Heine in diesem Gedicht ›Miserere‹ humorvoll interpretierte, war dem Dichter zu einem ernsten Gedanken geworden, dem an Gott. In der Einsamkeit, in die ihn die Krankheit gestürzt hatte, und in der Zweisamkeit mit dem unerbittlichem Schmerz hatte er sich ihm wieder zugewandt. »Alles was aus der frühen blasphematorischen Periode noch vorhanden war, die schönsten Giftblumen, hab ich mit entschlossener Hand ausgerissen«, beichtete er seinem Verleger Campe im Sommer 1850, fügte aber noch hinzu, »denn wie nahe ich auch der Gottheit gekommen bin, so steht mir doch der Himmel noch ziemlich fern: glauben Sie nicht den umlaufenden Gerüchten, ich sei ein frommes Lämmlein geworden.« In Deutschland zerriss man sich nämlich schon das Maul darüber, dass Heine aus einem Blasphem Gottes, nun da er unheilbar krank geworden war, zu einem Überläufer zu Gott und Kirche geworden sei. Er bat den Kaufmann Heymann Lassalle darum: »Mokieren Sie sich nicht über meine religiöse Erleuchtung«, und meinte noch, was dessen Sohn Ferdinand Lassalle betraf: »Ich möchte sein Gesicht sehen, wenn ihm zu Ohren kommt, daß ich aller atheistischen Philosophie satt wieder zu dem demütigen Gottesglauben des gemeinen Mannes zurückgekehrt bin.« Er verteidigte sich gegen das »allerdümmste Gerede« in Deutschland, er sei nur wegen der Krankheit gottesfürchtig geworden. »Ich wittere dabei sogar die Absichtlichkeit gewisser Leute, die mich gern als einen fetten Braten für ihren Himmel kanonisiert hätten. Es ist dafür gesorgt, daß meine sogenannte Bekehrung ihren Kommittenten keine Indigestion verursachen wird.« Heine stellte klar, dass die religiöse Umwälzung, die sich in ihm ereignet hätte, bloß eine geistige sei, mehr ein Akt des Denkens als des seligen Empfindens, und das Krankenbett wenig Anteil daran habe. »Es sind große, erhabene, schauerliche Gedanken über mich gekommen,« und er bestand darauf: »Es waren Gedanken, Blitze des Lichtes und nicht die Phosphordünste der Glaubenspisse.« Und doch.

»Gottlob«, schrieb er wenig später an Heinrich Laube, »daß ich jetzt wieder einen Gott habe.« Denn er brauchte jemanden, dem er seine Schmerzen übergeben konnte, den er um Erlösung von allen Übeln bat, den er aber auch beschimpfte als einen Gott, der nicht gut sei, weil er ihm das Leid geschickt habe. Bisher hätte sein Spott

Gott getroffen, nun aber wäre es umgekehrt, seufzte Heine auf: »Ach, der Spott Gottes lastet schwer auf mir. Der große Autor des Weltalls, der Aristophanes des Himmels, wollte dem kleinen irdi-schen, sogenannten deutschen Aristophanes recht grell dartun, wie die witzigsten Sarkasmen desselben nur armselige Spöttereien gewesen im Vergleich mit den seinigen, und wie kläglich ich ihm nachstehen muß im Humor, in der kolossalen Spaßmacherei.« Dennoch wünschte er den himmlischen Spötter herbei, damit er ihm beistehe in den schlaflosen plagvollen Nächten: »In diesem Zustand ist es eine wahre Wohltat für mich, dass es jemanden im Himmel gibt, dem ich beständig die Litanei meiner Leiden vor-wimmern kann, besonders nach Mitternacht, wenn Mathilde sich zur Ruhe begeben. Gottlob, in solchen Stunden bin ich nicht al-lein, und ich kann beten und flennen, soviel ich will, und ohne mich zu genieren, und ich kann ganz mein Herz ausschütten vor dem Allerhöchsten und ihm Manches vertrauen, was wir sogar un-serer eigenen Frau zu verschweigen pflegen.«

Aufgewachsen in einer wirtschaftlich erfolgreichen jüdischen Familie, die jedoch nicht sonderlich religiös war, sodass er sich später damit brüstete, nie eine Synagoge betreten zu haben, war Heines religiöser Lebensweg sprunghaft, von Widersprüchen ge-zeichnet, die seine gesamte Existenz immer geprägt haben. In seiner Berliner Zeit war er im August 1822 dem »Verein für Kul-tur und Wissenschaft des Judentums« beigetreten, als im Zuge deutsch-national-staatlicher Ideen der Antisemitismus in Preußen an Boden gewann und Professoren der Universität, an der Heine studierte, über die Tötung von Juden nachdachten und über eine Endlösung der »Judenplage«. Da viele Juden unter dem Druck der Assimilierung zum staatstragenden Protestantismus konvertier-ten, predigte Heine emphatisch die Rückbesinnung auf die Wur-zeln seiner Religion und musste dennoch gestehen, dass auch er nicht die Kraft habe, »einen Bart zu tragen und mir ›Judenmau-schel‹ nachrufen zu lassen und zu fasten. Ich habe nicht einmal die Kraft, ordentlich Mazzes zu essen«.

Drei Jahre später trat auch Heine zum Protestantismus über, ließ sich Ende Juni 1825 in Heiligenstadt bei Göttingen taufen, einmal weil er den persönlichen, wie er meinte, despotischen Gott der Bibel mißachten wollte und im Protestantismus die Idee einer Befreiung vermutete, aber auch, weil er persönliche Vorteile erhoffte, nämlich nun eine öffentliche Stellung bekleiden zu können, Hoffnungen, die sich nie erfüllen würden. Indes schrieb er noch: »Daß ich für die Rechte der Juden und ihre bürgerliche Gleichstellung enthusiastisch sein werde, das gestehe ich, und in schlimmen Zeiten, die unausbleiblich sind, wird der germanische Pöbel meine Stimme hören, daß es in den deutschen Bierstuben und Palästen widerhallt.«

Danach aber mied er lange Zeit die Idee eines persönlichen Gottes. Er suchte Erlösung in der Philosophie oder in den sozialreligiösen Ideen der Saint-Simonisten. »In manchen Momenten, besonders wenn die Krämpfe in der Wirbelsäule allzu qualvoll rumoren, durchzuckt mich der Zweifel, ob der Mensch wirklich ein zweibeiniger Gott sei, wie mir der selige Professor Hegel vor fünfundzwanzig Jahren in Berlin versichert hatte«, woran Heine lange Zeit geglaubt hatte, wenn er sich oft selbst als Gott gefühlt und bezeichnet hatte. Nun aber: »Ich bin kein göttlicher Bipede mehr, ich bin kein lebensfreudiger, etwas wohlbeleibter Hellene mehr, der auf trübsinnige Nazarener heiter herablächelt – ich bin jetzt ein armer, todkranker Jude, ein angezehrtes Bild des Jammers, ein unglücklicher Mensch.«

Im Angesicht des eigenen Jammers und im Ausblick auf den Tod fand der Protestant und Atheist Heine zurück zum Gott seiner Herkunft und Kindheit. »Unsere Väter waren wackere Leute«, erinnerte er sich selbst und seinen Bruder Maximilian«, sie demütigten sich vor Gott«, was er in seinem narzistischen Hochmut bewusst vergessen habe. »Ich dagegen, ich bot dem Himmel frech die Stirn und war demütig und kriechend vor den Menschen – und deswegen liege ich jetzt am Boden wie ein zertretener Wurm ... Ruhm und Ehre dem Gott in der Höhe«, beendete der »arme Bruder« den Brief an den zehn Jahre Jüngeren, der als Arzt in Russland lebte.

In ›Geständnisse‹ bekannte Heine die »sündhaften Irrtümer« vergangener Jahre und manches, was er unbesonnen über göttliche Dinge geäußert habe, widerspreche jetzt seiner »bessern Überzeugung«: »Mit meinem Atheismus ist es mir niemals ernst gewe-

sen . . . Das Elend des Menschen ist zu groß. Man *muß* glauben.«
Die deutsche »Vernunftkritik«, der er angehangen, hätte dem
Dasein Gottes kein Ende machen können, nein, »der Deismus lebt
sein lebendigstes Leben«. Damals aber wäre er selbst noch gesund
und »feist« gewesen. »Ich stand im Zenit meines Fettes, und war so
übermütig wie der König Nebukadnezar vor seinem Sturze.« Wieder stellte Heine selbst die Verbindung zwischen seinem »Sturz« in
die Krankheit und der Hinwendung zu Gott her. »Wie oft denke
ich an die Geschichte dieses babylonischen Königs, der sich selbst
für den lieben Gott hielt, der von der Höhe seines Dünkels er-
bärmlich herabstürzte, wie ein Tier am Boden kroch und Gras aß.«

Damals erkannte Heine den hohen Wert der mythischen Erzählungen seines Volkes, wie sie im Buch der Bücher niedergelegt
seien, und erzählte sie neu in dem Gedichtzyklus ›Hebräische Melodien‹, erzählte von der Prinzessin Sabbat, von Hiob, von den
Töchtern Kanaans und natürlich von Moses. Er bezog sich dabei
auf Jehuda ben Halevy, den bedeutenden sephardischen Dichter,
der als Arzt und Lyriker im spanischen Toledo des 12. Jahrhunderts gelebt hatte. In dem Gedicht ›Disputation‹ spielte Heine hu-
moristisch einen jener scholastischen Dispute nach, die gegen
Ende des Mittelalters zwischen Christen und Juden ausgetragen
wurden, in Form von Rede und Gegenrede, von Suada und Schmä-
hung. Der Franziskaner sagt, wobei er sich auf Thomas von Aquin
bezieht:

> *Juden, Juden ihr seid Säue,*
> *Paviane, Nashorntiere,*
> *Die man nennt Rhinozerosse,*
> *Krokodile und Vampire.*
>
> *Ihr seid Vipern und Blindschleichen,*
> *Klapperschlangen, giftge Kröten*
> *Ottern, Nattern – Christus wird*
> *Eur verfluchtes Haupt zertreten.*

Dann fordert der Mönch die Juden auf, sich zum Christentum zu bekehren: »Wascht ab den alten Adam und die Laster, die ihn schwärzen. Und sie schleppten/ flink herbei das Taufgeräte/. Doch die wasserscheuen Juden/ Schütteln sich und grinsen schnöde«, woraufhin der Rabbi zur Gegenrede anhebt:

Unser Gott, der ist lebendig,
Und in seiner Himmelshalle
Existiert er drauflos
Durch die Ewigkeiten alle.

Unser Gott ist stark. In Händen
Trägt er Sonne, Mond, Gestirne;
Throne brechen, Völker schwinden
Wenn er runzelt seine Stirne.

Und er ist ein großer Gott.
David singt: Ermessen ließe
Sich die Größe nicht, die Erde
Sei der Schemel seiner Füße.

Die Bibel, die Heine im Krankenbett wieder las, hätte, wie er in ›Geständnisse‹ sagte, »das religiöse Gefühl« in ihm erneut geweckt, und im Zwiegespräch mit Moses, der ja schon fast ein Gott sei, und in dem mit Gott selbst fand der Dichter, ohne »eines Kirchenschlüssels« zu bedürfen, den Glauben wieder, von dem er glaubte, er werde ihm zu einer Erlösungsmacht auf dem Weg zum Tod. »So habe ich dem lieben Gott die ganze Liquidation meines Lebens übergeben«, schrieb er dem Bruder. Da das so war, brauchte Heine kein anderes Ideal mehr und entsagte dem »Kleintreiben« der Welt. Er nannte den »guten Ruge« und die »noch viel verstockteren Freunde Marx«, Bruno Bauer und Feuerbach und somit alle, die eine bessere Welt predigten, »gottlose Selbstgötter... Wenn man auf dem Sterbebette liegt, wird man sehr empfindsam und weichselig, und möchte Frieden machen mit Gott und der Welt.« Da für ihn seine Welt zusammengebrochen war, was sollte er da noch mit einer Utopie, die für alle anderen die Welt zu verbessern versprach, seinen Tod jedoch nicht verhindern konnte? Auch die Utopien der Februarrevolution von 1830 und die der Saint-Simonisten, die ihn ja nach Paris gelockt hatten, waren abgetan. Oder blieb da doch noch eine Utopie, die des letzten Weges, die einer Überfahrt über ein Gewässer, wie Heinrich Heine sie im Gedicht ›Bimini‹ erzählt?

> *Wer will mit nach Bimini*
> *Steiget ein, ihr Herrn und Damen!*
> *Wind und Wetter dienend, bringt*
> *Euch mein Schiff nach Bimini.*
>
> *Leidet ihr am Zipperlein,*
> *Edle Herren? Schöne Damen,*
> *Habt ihr auf der weißen Stirn*
> *Schon ein Rünzelchen entdeckt?*
>
> *Folget mir nach Bimini,*
> *Dort werdet ihr genesen*
> *Von den schändlichen Gebresten;*
> *Hydropathisch ist die Kur!*
>
> *Nach dem ewgen Jugendlande,*
> *Nach dem Eiland Bimini,*
> *Geht mein Sehnen und Verlangen.*
> *Lebet wohl, ihr lieben Freunde.*

Erst in den beiden letzten Strophen des Langgedichts verrät Heine den Namen des Gewässers, über das das Schiff den Menschen bringt in die Utopie, in das Land, wo noch niemand war. Es ist der Fluss des Vergessens, Lethe.

> *Lethe heißt das gute Wasser!*
> *Trink daraus und du vergißt*
> *All dein Leiden – ja, vergessen*
> *Wirst du, was du je gelitten. –*

Gutes Wasser! Gutes Land!
Wer dort angelangt, verläßt es,
Nimmermehr – denn dieses Land
Ist das wahre Bimini.

Letzte Jahre, letzte Liebe, letzte Fahrt

Im Mai 1831 war Heinrich Heine in Paris angekommen, im Februar 1856 würde er eine letzte Fahrt durch die Stadt antreten, zum Friedhof von Montmartre. Dazwischen lagen fast fünfundzwanzig Jahre eines bewegten Lebens und Dichtens, auch wenn er sich in den letzten acht Jahren nicht mehr bewegen konnte. »Wie eine Holzpuppe mit abgezehrten, zusammengekrümmten Beinen« werde er durch die Wohnung getragen, »vom Bett zu einem Sessel und wieder zurück«, bekannte er seinem in Wien lebendem Bruder Gustav schon 1850. In der ersten Zeit der Lähmung trug man ihn gelegentlich noch auf die Straße hinunter, setzte ihn in eine Kutsche, brachte ihn zu einem seiner Pariser Bekannten in den Salon, um ihn Stunden später wieder in seine Matratzengruft zurückzutragen. Doch auch das nahm bald ein Ende, und Heine sah die Straßen der Stadt nur noch, wenn er von der einen Wohnung in eine neue zog. Von September 1848 bis August 1854 wohnte er in der Rue d'Amsterdam. So lange hatte er es in keiner der bis dahin 12 Pariser Wohnungen ausgehalten. Im Sommer 1854 hatte Mathilde Heine eine neue Wohnung am noch ländlichen Rand der Stadt in der Grande Rue de Batignolles gefunden, der heutigen Avenue de Clichy, nur wenige Schritte vom Friedhof Montmartre entfernt. Doch Heine schrieb an Alexandre Dumas: »Ich mache mir über meinen zukünftigen Aufenthaltsort keinen Gedanken; ich weiß nur, daß man durch einen dunklen und stinkenden Gang dort eintritt, und dieser Eingang mißfällt mir im voraus.« Er hatte zwar immer beklagt, dass die Wohnung in der Rue d'Amsterdam zu klein und lichtarm wäre, doch warum zog Familie Heine ausgerechnet hierhin, wo es stank und feucht und dunkel war? Ausschlaggebend war wohl, dass dem Haus ein »großer Garten mit ganz großen Bäumen« beigegeben war, wo Heine, wie er der

Mutter schrieb, »die schöne Jahreszeit aufs kostbarste genießen« wollte. Und so schilderte er die Idylle: »Du hast keinen Begriff, wie sehr die gute Luft und der Sonnenschein, den ich in meiner alten Wohnung gar nicht hatte, mir wohltut. Gestern saß ich wohler denn je unter Bäumen meines eignen Gartens und aß die schönen Pflaumen, die mir überreif fast ins Maul fielen ... Meine Frau, die sich immer, wenn sie von sich selber spricht, auf Deutsch *meine* Frau nennt, was sich sehr komisch papageienhaft ausnimmt, läßt Euch herzlich grüßen. Sie läßt mir eben sagen: Dis à ma mère que meine Frau est très occupée, et que meine Frau l`embrasse mille fois.«

Doch als der Herbst in Paris Einzug hielt, wurde aus der Idylle eine Qual. Und wie bei jedem Umzug zuvor sah Heine seine eigene Festellung bestätigt, dass ihn das Unglück verfolge. Die Behausung war kalt und feucht, was den kranken Heine noch kranker machte und sein Gemüt weiter verdunkelte. »Wenn ich nicht noch schlimmer erkranken will, muß ich in einigen Wochen wieder ausziehen«, schrieb er an Johann Hermann Detmold und gab in seinem Unmut Mathilde die Schuld. »Sie haben keinen Begriff davon, wie viel ich durch Mathildens Unfähigkeit häuslicher Einrichtung und Geschäftsführung mir Verdrießlichkeiten und ungeheure Geldkosten zugezogen.« Bald darauf bat er wie in früheren Jahren James de Rothschild um einen Zuschuss zum harten, teuren Leben, denn »ich bin krank wie ein Hund, arbeite wie ein Pferd und bin arm wie eine Kirchenmaus«. Da aber hatte Mathilde für ihren Dichter, den Papagei und sich schon eine neue Wohnung gefunden, zu der er an einem der letzten schönen Herbsttage von 1854 getragen und gefahren wurde. Zuvor hatte Heine an Campe geschrieben: »Das Ausziehen ist für mich eine Lebensfrage. Ich kann bei diesem Transport Akzesse bekommen, die der ganzen Komödie ein Ende machen.«

Doch die »Komödie« nahm noch kein Ende, und so konnte Heine seinen Freunden Michel Chevalier und Alexandre Dumas stolz berichten, er wohne nun an den Champs-Élysées. Er bat sie sogleich um einen Besuch. Diese »Elysischen Felder« von Paris waren seit einigen Jahren zu dem glanzvollsten Boulevard der Stadt mutiert und hatten den großen Boulevards zwischen dem Börsenviertel und Montmartre den gesellschaftlichen Rang abgelaufen. Heine hatte eine Wohnung in der Nr. 3 der Rue Matignon, heute Avenue Matignon, bezogen, die an der Ecke der Champs-Élysées lag und ihm aus dem Fenster einen Blick auf das Treiben dieses Boulevards ermöglichte, an dem er nur noch als ferner Beobachter teilnehmen konnte, eine letzte Wohnstatt in Paris.

Im Zustand tiefer Depression und im Bewusstsein seines baldigen Lebensendes versuchte Heinrich Heine immer wieder, durchaus in Selbstüberlistung, sich in einen Zustand der Abgeklärtheit zu bringen, sein Werk abzuschließen und sein Leben zu resümieren. »Die Zeit der Eitelkeit ist vorbei«, schrieb er im Winter 1854 in ›Geständnisse‹ und fügte hinzu: »Und ich erlaube jedem, über diese Geständnisse zu lächeln.« Kokett fuhr er fort: »Ich habe es, wie die Leute sagen, auf dieser schönen Erde zu nichts gebracht. Es ist nichts aus mir geworden, nichts als ein Dichter.« Sofort aber legte er die Koketterie wieder ab: »Nein, ich will keiner heuchlerischen Demut mich hingebend diesen Namen gering schätzen. Man ist viel, wenn man ein Dichter ist.« Er spricht von seinem Ruhm, der bis nach Japan gedrungen sei, und schlägt wiederum eine Volte, wenn er behauptet, der wäre ihm gleichgültig: »Ach! der Ruhm überhaupt, der sonst so süße Tand ... er dünkt mich jetzt bitter wie Wermut. Ich kann wie Romeo sagen: ich bin der Narr des Glücks.« Was nütze es ihm, wenn man überall auf seine Gesundheit trinke, wenn er selbst »abgesondert von aller Weltlust, nur mit einer schalen Tisane meine Lippen netzen darf.« Was nütze es ihm, wenn junge Menschen seine Dichterbüste mit Lorbeer umkränzten, wo doch aller Ruhm vor dem Ruhm des Schöpfers des Weltalls verblasse. Gleichzeitig versuchte er seinen Nachruhm zu fördern mit den letzten Werken, die er schuf.

»Die Lutetia hat das außerordentliche erreicht ... Ganz Paris sprach von meinem Buch«, schrieb er kurz nach dem Erscheinen der französischen Fassung ›Lutèce‹ Mitte April 1855 und sonnte sich in dem Ruhm der späten Tage. »Ich gestehe es, dieser Furor machte mich vor Freude zittern, der Taumel der gesättigten Eitelkeit verdrehte mir fast den Kopf.« Dem Literaturkritiker Philarète

Chasles sagte er, über den Teufelsgeiger Paganini habe man nie so lange gesprochen wie nun über ihn: »Paris, das Zentrum der schönen Welt, eine ganze Woche lang beschäftigen! Wissen Sie, welch gewaltige Ehre das für einen hergelaufenen kleinen Deutschen ist.«

Selbst die deutsche Presse konstatierte Heines Pariser Ruhm, berichtete die ›Augsburger Allgemeine Zeitung‹ doch im April 1855: »Das Buch des Herrn Heine, Lutèce, ist der Gott des Tages.« Der Dichter, der vorgab, den Ruhm gering zu schätzen, konnte sich seines Nachruhms sowohl in der alten Heimat Deutschland als auch in seiner Wahlheimat Paris sicher sein, hielt er ja nun die ersten Bände einer französischen und einer deutschen Werkausgabe in seinen Händen. Und um des Dichters ›Geständnisse‹ riss man sich förmlich. Nachdem Mitte September 1854 Passagen des Manuskripts unter dem Titel ›Les Aveux d'un poète‹ in der ›Revue des deux Mondes‹ erschienen waren, kam es schon zehn Tage danach zu einem deutschen Raubdruck in der ›Allgemeinen Zeitung‹, bevor das Werk im Oktober bei Campe im ersten Band der ›Vermischten Schriften‹ erschien. Man gierte in Deutschland nach den Memoiren und Berichten vom Krankenlager des Dichters in Paris. Doch die Aufnahme der ›Geständnisse‹ in der deutschen Presse war eher ungünstig, bisweilen gar gehässig und antisemitisch. Die ›Allgemeine Zeitung‹ meinte zu dem »Beichtkinde in der Rue d'Amsterdam«: »So oft Heine sich hören läßt, folgt ihm noch die Teilnahme des deutschen Publikums, . . . aber dieses Interesse ist seit langer Zeit nur noch ein pathologisches.« Allein um seiner Späße willen habe man den »guten Heine« gelesen, nun aber finde man nur sein »Geheimnis des Ennuyierens«, des Langweilens also, und seine Nachahmung Voltaires arte zu pedantischer Verehrung aus, die »homerische Schläfrigkeit« wirke geradezu tödlich.

Auch in Deutschland hatten sich die politischen Verhältnisse nach 1848 verändert. Man war der revolutionären Bewegungen müde. Eine neue antifranzösische Stimmung und ein mit Antisemitismus vermischter Nationalismus machten sich breit. So konnte Oscar Peschel weiter schreiben, man wäre den Franzosen lange Zeit nachgelaufen, aber mit der Vertrautheit hätte sich nun eine Geringschätzung eingestellt. Doch all diese Veränderungen hätte Heine nicht bemerkt, und deshalb wäre er ein Dichter von gestern. »Die alte Zeit tritt plötzlich zu unserer Türe herein«, und nun sähe man, dass die »Modeliteratur« vergangener Tage nur ein »Nebenprodukt der allgemeinen Fäulnis« sei. Der Schritt zum Wort Entartung war nicht mehr groß. Peschel, der wenige Jahre zuvor noch voller Empathie über Heines Krankheit geschrieben hatte, schloss: »Wir sind ungern hart gegen einen Leidenden, besonders gegen einen Dichter der Märchen aus alten Zeiten.« Doch verdiene Heine »der Schonung nicht«, denn er hätte mit »echt semitischer Spürkraft« auf das Mitgefühl des Publikums gezählt. In einen noch übleren Antisemitismus gegenüber Heine verfielen ›Die Göttingischen Gelehrten Anzeigen‹, die ihm vorwarfen, er sei gefangen im Wesen des Judentums und habe in seinen ›Geständnissen‹ nur die »alten Lügen der Juden neu aufgeputzt«.

Die französische Kritik wies zwar auch darauf hin, dass die Schrift ein Echo vergangener Tage wäre, wertete das aber wie die Revue ›Le Mousquetaire‹ im September 1854 als einen literarischen Glücksfall. »Dieser lebhafte, farbenfrohe Stil datiert aus der guten Zeit einer unvergleichlichen literarischen Epoche. Man könnte sagen, er trage in sich das Gütezeichen der Jahre 1834–35. Die Sätze sind geschickt gebaut, der Ton ist elegant, der Spott fein, heute eine unauffindbare Sache . . . Pikant, geistreich, und wieviel Phantasie, Farbe, Humor und Kunst liegen darin.« Begeistert schrieb Heine im Juli 1855 wiederum an Philarète Chasles, sein Verleger Michel Lévy stelle nicht nur das Schicksal seiner Bücher sicher, ja, er wäre damit beschäftigt, »meine Unsterblichkeit zu inszenieren.« Er half ihm selbst dabei nach Kräften. In der Gewissheit eines baldigen Todes schickte er seine Bücher an einige Pariser Literaturkritiker, damit sie schon einmal den Nachruf auf ihn verfassen könnten.

Da war bei Lévy gerade die Sammlung seiner Gedichte unter dem Titel ›Poèmes et Legendes‹ erschienen. Zwar war der Dichter, als er seine Gedichte in der französischen Fassung nun wieder las – Taillandier hatte sie übertragen – erschrocken und meinte zu ihm: »Meine überrheinische Empfindsamkeit klingt in der Sprache des Positivismus nach allzu prosaischem Menschenverstand. Glauben Sie mir, mein lieber Freund, daß die arme deutsche Nachtigall, die ihr Nest in der Perücke des Monsieur Voltaire gebaut hat, sich sehr unbehaglich fühlt.« Dieses Unbehagen aber wurde von seinem Stolz, ein in seinem Pariser Exil anerkannter Dichter zu sein, und von der Genugtuung, seinen Ruhm für die Nachwelt gesichert zu haben, weggewischt, schon gar, als ihn die Nachricht erreichte, man plane gar in Amerika eine Gesamtausgabe seines Werks.

Dann trat noch ein anderes unerwartetes Ereignis ein und beglückte ihn. Eine letzte Liebe.

Eines Sommertages im Jahr 1855 stand sie vor seiner Tür, wurde eingelassen und setzte sich an das Krankenlager des Dichters. Zuvor hatte sie ihm schon geschrieben: »Schon seit Jahren, mein Herr, seit dem Tage, an dem ich in Ihren Werken las, hatte ich das Empfinden, daß wir früher oder später einmal Freunde werden würden. Von diesem Augenblicke an habe ich Ihnen eine innige Zuneigung bewahrt, welche nur mit meinem Leben aufhören wird.« Unterschrieben war der Brief mit M.B., Adresse: Poste restante. Heine war betört und nannte die junge Frau, die nun bei ihm saß, »Mouche«. Schon seiner Frau hatte er einen anderen Namen gegeben, nun sollte auch sie durch den Beinamen sein Geschöpf werden.

> *Dich fesselt mein Gedankenbann,*
> *Und was ich dachte, was ich sann,*
> *Das mußt du denken, mußt du sinnen –*
> *Kannst meinem Geiste nicht entrinnen.*

In diesem ersten Gedicht auf die neue Lebensbeglückerin drückte er ihr, obwohl sie ihn ja schon verehrte, seine Gedanken, sein Wesen auf, damit die »Mouche«, die Fliege, nicht mehr wegfliegen, ihm nicht mehr entkommen konnte. Und sie kam immer wieder in den letzten Monaten seines Lebens. Einen »Dominus«, einen Gebieter also, nannte Heine in diesem Gedicht seinen eigenen Geist, der auf sie wirken, über sie herrschen soll:

Stets weht dich an sein wilder Hauch,
Und wo du bist, da ist er auch;
Du bist sogar im Bett nicht sicher
Vor seinem Kusse und Gekicher.

Mein Leib liegt tot im Grabe, jedoch
Mein Geist, er ist lebendig noch
Und wohnt gleich einem Hauskobolde
In deinem Herzen, meine Holde!

Wer aber war die junge Frau, die urplötzlich neben seinem Bett saß?

Sie hatte mit M.B. unterschrieben. Seitdem sie mit einem wohlhabenden Franzosen verheiratet war, hatte sie den Namen Margot Bellgier angenommen. Ihre Familie, Geburtsort und Jahr aber sind nicht genau bekannt. Auf jeden Fall war sie aus Deutschland, möglicherweise in Torgau geboren, um 1830, hieß Elise Krinitz, war irgendwann nach Frankreich gegangen, hatte Alfred Meißner zufällig kennen gelernt, den böhmischen Freund Heines, der sie wahrscheinlich mit dem Werk des Dichters bekannt gemacht hatte. Ihr Ehemann Monsieur Bellgier war eines Tages mit ihrer Mitgift nach London abgehauen, und nun saß Elise alias Margot allein in Paris, gab Klavierstunden und Deutschunterricht. Sie entschloss sich Schriftstellerin zu werden und wird wie George Sand ein männliches Pseudonym annehmen, Abel de Gerard. Später nennt sie sich Camille Selden und schreibt einen Roman über das Leben eines Musikers. Bevor Heine der schönen Vagabundin den Namen Mouche geben konnte, hatte sie im Pariser Hotel »Britannique« Alfred Meißner wiedergetroffen, der von ihr angetan war und mit ihr Ausflüge in die Umgebung von Paris und Fahrten weiter durch Frankreich gemacht haben soll.

Nun also saßen Heine und Elise beieinander. Er dichtete:

Wahrhaftig, wir beide bilden
Ein kurioses Paar
Die Liebste ist schwach auf den Beinen
Der Liebhaber lahm sogar.

Noch einmal hatte den Dichter die Liebe gefangen genommen, noch einmal fühlte er sich einer Frau nah. Und er konnte mit ihr in der Sprache seiner Heimat reden. Jahre zuvor hatte Heine ja schon gegenüber Philarète Chasles bedauert, dass er in seinem »geistigen Exil« den ganzen Tag über Französisch sprechen musste, gar am Herzen der Geliebten nur Französisch seufzen konnte. Bisher hielt er sich nur im Gedicht und in der Prosa in seiner Muttersprache auf. Mit Mathilde hatte er Gedanken und Liebesseufzer in einer Sprache tauschen müssen, die ihm trotz aller Bemühungen immer eine fremde geblieben war, in der er nicht alles in allen Nuancen ausdrücken konnte. Das hatte sich nun geändert, mit Elise. Und in seinem späten Liebesglück schuf Heine noch einmal Gedichte, die in einer wiedergewonnenen Leichtigkeit des poetischen Tons die Liebe besingen. Er nannte seine Verse ihr gegenüber jedoch »pure Charentonpoesie«, also Gedichte aus einem Irrenhaus.

In dem Gedicht ›Der Abgekühlte‹ aus der Sammlung ›Romanzero‹, Abteilung ›Lamentationen‹, hatte er wenige Jahre zuvor schon eine Frau wie sie herbeigeträumt:

> *Noch einmal, eh' mein Lebenslicht*
> *Erlöschet, eh' mein Herze bricht –*
> *Noch einmal möcht' ich vor dem Sterben*
> *Um Frauenhuld beseligt werben.*
>
> *Und eine Blonde müßt' es sein,*
> *Mit Augen sanft wie Mondenschein –*

Dieser Traum war nun Wirklichkeit geworden, nur hatte er nicht werben müssen um »Frauenhuld«, sie hatte um ihn geworben und saß nun neben ihm, las ihm vor, diente als Sekretärin, schrieb die Gedichte auf, die er auf ein Blatt kritzelte oder ihr diktierte, auch die, die an sie gerichtet waren, wie jenes über das »kuriose Paar«, das sie ja beide selbst waren. »Lotosblume« heißt es. So nannte er sie auch, neben Mouche, neben Bisamkatze, in seinem Liebesspiel:

Sie ist ein leidend Kätzchen,
und er ist krank wie ein Hund,
Ich glaube, im Kopf sind beide
Nicht sonderlich gesund.

Vertraut sind ihre Seelen,
Doch jedem von beiden bleibt fremd,
Was bei dem andern befindlich
Wohl zwischen Seel und Hemd.

Sie sei eine Lotosblume,
Bildet die Liebste sich ein,
Doch er, der blasse Geselle,
Vermeint der Mond zu sein.

Die Lotosblume erschließet sich
Ihr Kelchlein im Mondenlicht,
Doch statt des befruchtenden Lebens
Empfängt sie nur ein Gedicht.

Schon mehr als dreißig Jahre früher hatte Heine in seinem Gedichtzyklus ›Lyrisches Intermezzo‹ von 1823 das Bild der Lotosblume gefunden. Auch darin waren die Lotosblume und der Mond Partner im Liebesspiel gewesen. »Der Mond, der ist ihr Buhle,/ Er weckt sie mit seinem Licht/ Und ihm entschleiert sie freundlich/ Ihr frommes Blumengesicht/.« Schon damals fand die Liebe keine Erfüllung, war sie doch fromm. Und doch: »Sie duftet und weinet und zittert/ Vor Liebe und Liebesweh.« Wie eben die Lotosblume, die sich am Tage gegen die Sonne verschließt und sich des Nachts dem Mond sehnsuchtsvoll öffnet. Was bleibt, ist auf jeden Fall Versagung. Wie nun zwischen Heinrich und Elise, wo alles, was zwischen Seele und Hemd passieren könnte, nicht passiert. Nicht ihre etwaige Frommheit verhinderte jetzt die Liebeserfüllung, sondern die reine körperliche Unmöglichkeit. Was bleibt? Immerhin empfängt die Geliebte nicht etwas »befruchtendes«, sondern etwas anderes Befruchtetes, ein Gedicht.

In einem Brief an Elise benannte Heine sein Liebesproblem

deutlicher, und zwar schon kurz nach ihrer ersten Begegnung: »Ich freue mich, Sie bald wiederzusehen et de poser une empreinte vivante sur les traits suaves et quelques peu souabes (und einen lebendigen Stempel auf die anmutigen und ein wenig schwäbischen Züge zu drücken).« Dann seufzte er: »Ach! Wäre ich noch ein Mann, diese Phrase bekäme eine minder platonische Tournüre.« Und einige Wochen später noch einmal. Da sprach er Elise bezeichnenderweise mit Heloise an, die ja bei ihrem Geliebten Abaelard nach seiner Kastration ebenfalls auf etwas hatte verzichten müssen: »Je pose une empreinte vivante auf alle Deine Herrlichkeiten – aber nur in Gedanken – das ist alles, was Du von mir haben kannst« und fügte an »poor girl«. Er meinte wohl eher poor old boy. Und der war aber doch in der Lage, diesen Verzicht auf die einstige, »die wilde Lendenkraft« humorvoll in ein Gedicht zu fassen:

> *Worte! Worte! Keine Taten!*
> *Niemals Fleisch, geliebte Puppe,*
> *Immer Geist und keinen Braten,*
> *Keine Knödel in der Suppe.*

Immer wieder bat Heine Elise brieflich und dringlichst darum, zu ihm zu kommen, unterschrieb mit »Der Verrückte an eine Verrückte.« Kam sie einmal nicht, so nannte er sie »garstige Lotosblume«: »Je öfter Sie kommen, desto glücklicher wär' ich . . . Meine holdseligste Mouche! Flattern Sie mir ein bißchen um die Nase herum mit Ihren kleinen Fittichen . . . ich küsse die beiden lieben Pfoten, nicht auf einmal, sondern die eine nach der anderen.« Er kam immer wieder auf das Problem zurück: »Faute de pouvoir poser une empreinte vivante sur . . .«. Im November 1855 besuchten der Bruder Gustav und die Schwester Charlotte den kranken Heine, störten aber dabei acht Tage lang das junge Liebesglück, so daß der Verliebte an seine neue Freundin schrieb: »Ich sehne mich sehr nach Dir, letzte Blume meines larmoyanten Herbstes«, nannte sie »holdselige Närrin« und fügte hinzu: »Mein Bruder schwatzt mich tot – leide sehr – komme Du bald«.

Und wo war Mathilde?

Sie gönnte ihrem Mann diese letzte Liebe. Vielleicht ließ es sie gleichgültig, vielleicht war sie auch erleichtert, sich ihrem Mann nicht allein aufopfern, seine Krankheit, seine Launen ertragen zu müssen. Sie hatte sich in eine matronenhafte korpulente, aber immer noch anziehende Frau verwandelt, wurde immer dicker, behielt ihre Lebenslust, liebte weiterhin die kleinen Freiheiten und war womöglich froh, diese jetzt unbeschwerter wieder nutzen zu können, da sie ihren Mann an eine andere gebunden wusste und sich ihrer Stellung als Ehefrau und Erbin dennoch sicher war. Sie ging Elise Krinitz aus dem Weg, überließ es der Krankenwärterin, der Deutschen die Tür zu öffnen und sie zu ihm zu führen, war aber immer in seiner Nähe. Daher fühlte sich ihr Ehemann auch von ihr beobachtet, wie er Elise mitteilte. Er nannte sich »Nebukadnezar II.«, als ob er verrückt geworden sei wie dieser, aber auch »ehemaliger königlich preußischer Atheist, jetzt aber Lotosblumenanbeter«.

In seinem Testament, das Heinrich Heine 1851 verfasst hatte, verlangte er von seiner Hamburger Familie, dass sie das mündliche Versprechen einlösen und die Hälfte der Zuwendung, die er von ihr erhielt, nach seinem Tod auf eine lebenslange Rente für seine Witwe übertragen sollte. Zugleich setzte er seine Frau als Universalerbin ein und erneuerte das Testament noch einmal wenige Tage vor seinem Tod. »Ich überlasse ihr alles, was ich besitze, und besonders alle Rechte an meinem literarischen Werk und seine Nutzung ... und das nicht nur, da sie meine legitime Gattin ist, sondern auch als ein Beweis meiner Zuneigung und Dankbarkeit, die über fünfundzwanzig Jahre meine geliebte und treue Lebensgefährtin bei den Wechselfällen des Exils war und die mich mit einer unerschütterlichen Hingabe gepflegt hat in den schrecklichen Jahren dieser launenhaften und qualvollen Krankheit.«

Heinrich Heine wollte noch einmal jung lieben und in dieser Liebe in seine deutsche Heimat zurückkehren. Aber diese letzte Liebe hatte seine Zuneigung und Dankbarkeit gegenüber Mathilde nicht geschmälert. In den Gedichten des ›Romanzero‹ hatte er sich ja nicht nur nach einer blonden jungen Liebe gesehnt, er hatte auch um Fürsorge für seine Mathilde gebeten:

Sie war mir Weib und Kind zugleich
Und geh ich in das Schattenreich,
Wird Witwe sie und Waise sein!
Ich laß in dieser Welt allein
Das Weib, das Kind, das, trauend meinem Mute,
Sorglos und treu an meinem Herze ruhte.

Ihr Engel in den Himmelshöhn,
Vernehmt mein Schluchzen und mein Flehn:
Beschützt, wenn ich im öden Grab,
Das Weib, das ich geliebet hab.

Und doch hatte er sich ja nicht nur nach der Liebe einer Blonden gesehnt, sondern war im Gedicht fortgefahren: »Denn schlecht bekommen mir am Ende/ die wild brünetten Sonnenbrände.« Er meinte damit die Unzähmbarkeit seiner französischen Geliebten, auch ihr dauerndes Streiten und ihr lautes Organ, wenn er in der letzten Strophe dichtete:

Unjung und nicht mehr ganz gesund,
Wie ich es bin zu dieser Stund,
Möchte ich noch einmal lieben, schwärmen
Und glücklich sein – doch ohne Lärmen.

So war er noch einmal für einige Monate glücklich, liebte, schwärmte, konnte mit der »Mouche« seine wenn auch nur poetischen Liebesspiele treiben, konnte mit ihr reden und schweigen.

Wir sprachen nicht, jedoch mein Herz vernahm,
Was du verschwiegen dachtest im Gemüte –
Das ausgesprochne Wort ist ohne Scham
Das Schweigen ist der Liebe keusche Blüte.

Lautloses Zwiegespräch! Man glaubt es kaum,
wie bei dem stummen zärtlichen Geplauder
So schnell die Zeit verstreicht im schönen Traum
Der Sommernacht, gewebt aus Lust und Schauder.

Spätes Glück, kurzes Glück für den Dichter mit der einen, während die andere weiterhin im Hintergrund und als immer währende Sicherheit für ihn da war. Vor Elise konnte er auch wieder seine Schwäche zeigen, ihr in Worten sein Unglück klagen, die er seiner Frau so nicht sagen konnte, wenn er der anderen schrieb: »Bin schwach und unwirsch – manchmal bis zu Tränen über den geringsten Schicksalsschabernack affiziert«, und nannte sich einen Einfaltspinsel. Doch lange sollte das Leben mit und zwischen den beiden Frauen nicht mehr dauern. In einem der letzten Briefe an die Mouche gestand er: »Ich habe eine böse, sehr böse Nacht verbracht und verliere fast den Mut.« Der Dichter wusste, dass er bald sterben würde, und hatte sein letztes Gedicht verfasst: ›Der Scheidende‹:

> *Erstorben ist in meiner Brust*
> *Jedwede weltlich eitle Lust,*
> *Schier ist mir auch erstorben drin*
> *Der Haß des Schlechten, sogar der Sinn*
> *Für eigne wie für fremde Not –*
> *Und in mir lebt nur noch der Tod.*

Im letzten Brief an Elise hieß es weiter: »Ich rechne darauf, daß ich Dich morgen sumsen höre. Dabei bin ich sentimental wie ein Mops, der zum ersten Mal liebt.« Am 14. Februar ließ er ihr noch ein kurzes Billett zukommen: »Liebste, komm heute nicht. Ich habe die entsetzlichste Migräne. Komm morgen.« Doch seine letzte Liebe wurde nicht mehr zu ihm vorgelassen, als sie kam. Sie sollte den Sterbenden nicht sehen. Erst am Morgen nach seinem Tod konnte sie, wie sie schreiben wird, ihm »die schon marmorkalte Wange küssen.« Mathilde war nicht zugegen, als ihr Henri Heine am 17. Februar 1856 starb. Nur seine Pflegerin Catherine nahm ihn in den Arm, damit er sein Leben beenden konnte. An einem Sonntag, morgens, kurz vor fünf Uhr.

»Sterbe ich zu Paris, so will ich auf dem Kirchhofe des Montmartre begraben werden, auf keinem anderen, denn unter der Bevölkerung des Faubourg Montmartre habe ich mein liebstes Leben gelebt«, hatte der Dichter im Testament verfügt. Seine letzte Fahrt führte durch die Straßen der Stadt. Man trug den Toten aus der Wohnung in der Nummer 3 der Rue Matignon die Treppen hinunter. An den Champs-Élysées setzte sich die Kutsche mit seinem Leichnam in Bewegung, fuhr am Börsenviertel vorüber, an den Cafés, den Theatern und an den Passagen, durch die er einst so liebend und so gern flaniert war, wo er seine Mathilde gefunden hatte, kreuzte den großen Boulevard, Lebensader der Stadt, durchquerte die leicht ansteigenden Straßen von Montmartre, die ihm zur zweiten Heimat geworden waren, und gelangte schließlich zum Friedhof. Heinrich Heine wollte ohne Zeremonie in allgemeinem Schweigen begraben werden, denn, so hatte er Caroline Jaubert anvertraut, nur sein Werk sollte für ihn sprechen. »Das ist alles.«

Knapp 100 Menschen begleiteten Heine bis zum Grab, in der Mehrheit Deutsche, die in Paris lebten, aber auch einige französische Freunde wie Alexandre Dumas und Théophile Gautier. Mathilde soll gefehlt haben. Der Maler Eugène Delacroix wäre auch gern zugegen gewesen, hatte aber zu spät vom Tod des deutschen Dichters erfahren. Da war Henri-Heinrich Heine schon unter dem Himmel von Paris ins Grab gesenkt worden.

Ausgewählte Literatur

Heinrich Heine, *Sämtliche Schriften*, hrsg. v. Klaus Briegleb, München Wien 1976
Heinrich Heine, *Briefe*, hrsg. v. Hans Kaufmann, Berlin 1980

Joseph Dresch, *Heine à Paris*, Paris 1956
Heine in Paris: 1831–1856, hrsg. v. Joseph A. Kruse u. Michael Werner, Düsseldorf 1981
Friedrich Hirth, *Heinrich Heine und seine französischen Freunde*, Mainz 1949
Alfred Meissner, *Ich traf auch Heine in Paris: unter Künstlern und Revolutionären in den Metropolen Europas*, hrsg. v. Rolf Weber, Berlin 1973
Philip Mansel, *Paris – Capitale d'Europe*, Paris 2003

Personenregister